Spielregeln:

1. *Bildet Vierergruppen. Ein Schüler der Gruppe übernimmt die Rolle des Spielleiters.*

2. *Schneidet für jedes Gruppenmitglied 15 weiße Papiervierecke aus. Größe 3 cm x 3 cm. Erfindet euer persönliches Zeichen, malt es auf alle eure Vierecke. Passt gut auf die Vierecke auf. Ihr könnt sie immer wieder bei diesem Spiel verwenden. Am besten, ihr klebt sie auf Pappe. Sie sind eure persönlichen Spielmarken.*

La Défense 1

le Stade de France 2

le Sacré-Cœur 3

la gare de l'Est 4

la Géode 5

l'Arc de triomphe 6

le parc des Batignolles 7

le Palais de l'Elysée 8

la place de la Concorde 9

le Louvre 10

le Bois de Boulogne 11

la tour Eiffel 12

les Champs-Elysées 13

le centre Pompidou 14

Notre-Dame 15

les quais de la Seine 16

la tour Montparnasse 17

le jardin du Luxembourg 18

la place de la Bastille 19

la gare de Lyon 20

3. *Entscheidet durch Würfeln, welcher Spieler beginnt. Er ruft die Nummer eines „monument" auf. Der Spielleiter liest auf Seite 2 die Aufgabe vor, die zur Nummer gehört. Er kontrolliert die Antwort mit den Lösungen auf S. 94. Ist die Antwort korrekt, belegt der Spieler das Foto mit einer seiner Spielmarken. Im Uhrzeigersinn ruft nun der nächste Mitspieler ein Feld auf.*

4. *Schafft ein Mitspieler es, drei nebeneinanderliegende Fotos in der Horizontale, Vertikale oder Diagonale zu belegen, erhält er zwei Zusatzpunkte, d.h., dass er auf das zuletzt belegte Feld drei seiner Spielmarken legen darf.*

5. *Gewonnen hat, wer die meisten Spielmarken platzieren konnte, wenn alle Foto*

Sich auf Französisch verständigen — *Hier und dort* — *Gewuss*

Le jeu des monuments

Achtung Spielleiter! *Stelle immer zunächst die Aufgabe* **A**. *Wird die Frage nicht korrekt beantwortet und wird das Feld von einem anderen Spieler erneut aufgerufen, kannst du die Aufgabe* **B** *stellen. Wenn du unsicher bist, ob du eine Antwort akzeptieren sollst, frage deine Lehrerin oder deinen Lehrer.*

	A	B
1	Welche Wörter gehören **nicht** zum Thema **„Schule“**? *crayon – gomme – client – stylo – train – chambre – récréation*	Wie sagst du auf Französisch? *Wie geht's? / Komm! / Das ist zu blöd! / Ach ja?*
2	Wie begrüßt man auf Französisch eine Dame, einen Herrn, die oder den man nicht kennt?	Mit welcher Geste begrüßen sich in Frankreich Verwandte und gute Bekannte / Freunde?
3	Nenne 6 Kleidungsstücke auf Französisch. Benutze den unbestimmten Artikel *un, une*.	Nenne 3 Sportarten auf Französisch mit dem bestimmten Artikel.
4	Welche Tiere helfen, den Unterschied zwischen dem stimmhaften und dem stimmlosen „s“ zu zeigen? Beim stimmlosen „s“ zische ich wie eine ? Beim stimmhaften „s“ summe ich wie eine ?	Wo kannst du nachschauen, wenn du nicht mehr weißt, wie ein Wort ausgesprochen wird? Welche Zeichen erklären die Aussprache?
5	Nenne die feminine Form folgender Adjektive: *vert, mauvais, dernier, long.*	Welches sind die französischen Entsprechungen für: *grau – grün – weiß – blau – gelb – rot – schwarz?* Nenne die maskuline Form.
6	Wann feiern die Franzosen ihren Nationalfeiertag und was feiern sie?	An welchem großen Fluss liegen Frankreich und Deutschland gemeinsam?
7	Wie sagst du auf Französisch? *rechts – links – geradeaus – bei Marie*	Wie sagst du auf Französisch? *Pst! / Vorsicht! / Aua! / Mist!*
8	Wie nennt man in einem Text die Wörter, die für den Inhalt wichtiger sind als andere? Sie heißen auf Französisch *les mots-…*	Welche Farben wurden verwendet, um das Geschlecht der französischen Nomen zu kennzeichnen? Maskulin = ?, feminin = ?
9	Wie sagst du auf Französisch? *Na ja! / Einverstanden! / Na klar!*	Antworte auf die Frage: *Tu as quel âge?*
10	Ein Franzose sagt: *Dans mon appartement, il y a deux chambres.* Hat er eine Wohnung mit nur zwei Zimmern? Erkläre.	Wie melden sich Franzosen am Telefon?
11	Du willst fragen, wie das Wetter in Toulouse ist. Wie fragst du?	Du willst sagen, dass das Wetter schön ist. Was sagst du?
12	Nenne drei Möglichkeiten, ein unbekanntes Wort in einem Text zu erschließen.	Was brauchst du beim Dolmetschen nicht zu tun?
13	Du willst fragen, wie viel etwas kostet.	In einem *café* hättest du gerne einen *diabolo menthe*. Du bittest höflich darum.
14	In Deutschland gehst du zunächst in die 5., dann in die 6., dann in die 7. Klasse. Wie ist das auf dem *collège* in Frankreich?	In Deutschland gibt es nach der Grundschule verschiedene Schulformen. Wie ist das in Frankreich?
15	Setze folgenden Satz ins Passé composé: *Nous regardons la télé.*	Antworte verneint auf die folgende Frage: *– Vous avez travaillé? – Non, nous …*
16	Du bist traurig. Was sagst du?	Du willst deinen Freund fragen, wohin er geht.
17	Wie sollte man die Nomen lernen? a) Immer mit einem Verb zusammen b) Immer zusammen mit dem Artikel *(un, une, le, la, l')* c) Immer zusammen mit einem Adjektiv	Wie sollte man die Verben lernen? a) Immer zusammen mit einem Pronomen (z. B. *je, tu*) b) Immer zusammen mit einem Nomen c) Immer zusammen mit der Ergänzung *qc, qn, à qn* (z. B. *parler à qn*)
18	Zähle auf Französisch von 1 bis 10.	Zähle auf Französisch von 11 bis 20.
19	Welches *ou* bekommt einen *accent grave*? Das für „wo“ oder das für „oder“?	Welches *sur* bekommt einen *accent circonflexe*? Das für „sicher“ oder das für „auf“?
20	Nenne jeweils das Gegenteil von *tôt* und *avant*.	Nenne das Gegenteil von *devant* und *sur*.

Im Internet findet ihr weitere Fragen, mit denen ihr das Spiel spielen könnt.

Mehr dazu zv9868

Unter dem Kleeblatt stehen Wendungen. Ergänze sie mit deinen Angaben.
Schreibe dann die kompletten Sätze auf das passende Blatt.
Trage auf das entsprechende Blatt weitere Aussagen ein, die dir wichtig sind.
Aber Vorsicht! *Vier „Eindringlinge" gehören zu einem anderen Thema! Findest du es heraus?*

Un peu d'entraînement

→ Lösungen findest du auf S. 94

STRATEGIE

Diese Seite ist ein Aufwärmtraining für die neue Unité.
Du kannst hier wiederholen, was du schon gelernt hast.
Kontrolliere dich selbst. Die Lösungen stehen auf S. 94.
Du findest diese Seite von nun an vor jeder neuen Unité.

Jeu de mots

Üben interaktiv w93ux7

1 L'école

Peu avant la fin des vacances, Léo écrit dans son journal. Complète le texte.

Bientôt, l'école va commencer. Tôt le matin, je vais aller au  collège.

Dans la  cour, je vais retrouver mon copain / ami Mehdi

et mes  copines / amies Marie et Alex. C'est sympa! Puis les

 cours vont commencer. Dans la  salle de cours,

le  professeur

va parler aux  élèves. Au revoir, les  vacances!

J'aime bien être au  CDI et à la  cantine,

mais je n'aime pas les  devoirs.

Et j'adore la  récréation!

Ecrire

Üben interaktiv jk75za

2 Patrick est grand. Et Patricia?

Décris les jumeaux. (Beschreibe die Zwillinge.)

Patrick est

1. grand,
2. toujours content,
3. sympa,
4. un bon élève et
5. un copain génial.

Patricia est

1. grande,
2. toujours contente,
3. sympa,
4. une bonne élève et
5. une copine géniale.

... prêts,

... partez!

*A vos marques, prêts, partez! = Achtung, fertig, los!

Unité 1
C'est la rentrée!

Atelier A

Vis-à-vis

In Frankreich beginnen die Sommerferien nicht nach Regionen unterschiedlich. Der August ist der Monat, in dem (fast) alle Ferien haben: Schulen, viele Betriebe, die Politik, … .
Deshalb ist „la rentrée" nicht nur der Anfang des neuen Schuljahres, sondern für alle Franzosen der Neustart nach der Sommerpause.

Ecrire

1 La rentrée – c'est comment? (nach SB S. 12, Abschnitt 1)

Travaillez à deux. Regardez la photo et racontez. Les mots suivants vont vous aider.

Quand? Où? Qui? Quoi?

au collège – Mehdi – la rentrée – Alex – la liste – être en colère – Léo – 5e A – des élèves sympas – 5e B – Marie

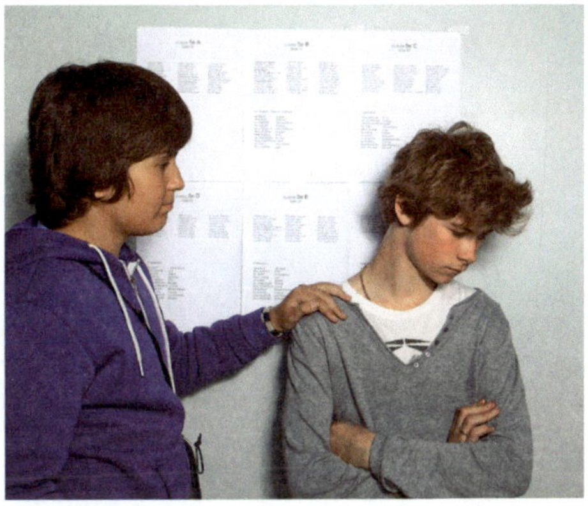

Commencez comme ça: C'est le jour de la rentrée. … *Continuez dans votre cahier.*

En forme

Üben interaktiv eu459v

2 Je sais. (G 1) (nach SB S. 13, Nr. 3)

A *Complète les dialogues. Utilise les formes de* ***savoir****.*

1. – Tu sais comment s'appelle le garçon là-bas?

2. – Non, je ne sais pas.

3. – Vous savez faire vos devoirs d'allemand?

4. – Oui, nous savons comment faire nos devoirs.

5. – Est-ce que Nathalie sait quand nous avons cours de français?

6. – Non, mais demande à Marie et Alex. Elles savent aussi dans quelle salle on est.

B *Regarde les mots. Tu trouves la question?* ne pas faire les Tu devoirs? sais

Tu ne sais pas faire les devoirs?

En forme

Üben interaktiv 6q3sa4

3 Tu connais le verbe «connaître»? (G 2) (nach SB S. 13, Nr. 3)

*Ecris les formes du verbe **connaître** dans les silhouettes.*
Ajoute des flèches comme dans le modèle. (Füge Pfeile wie im Modell hinzu.) Puis écris les pronoms.

il / elle / on	c o n n a î t	socinna
ils / elles	c o n n a i s s e n t	iscanon
je	c o n n a i s	nîtcona
nous	c o n n a i s s o n s	zasisencon
vous	c o n n a i s s e z	soncanisson
tu	c o n n a i s	nicessonant

BLAGUE

Un éléphant et une souris sont dans le désert. Ils ont très chaud.
La souris:
– Ça ne fait rien si je marche dans ton ombre pendant une petite demi-heure? On va changer après …

Jeu de sons

CD 1, 18

Üben interaktiv 95bs2y

4 [s] ou [z]? (nach SB S. 13, Nr. 5)

A *Ecoute les mots. Quand est-ce qu'il y a un* [z]*?*
Coche les bonnes cases.

B *Complète les mots.*

☐ une pi_s_ _c_ine

☒ une bi_s_e

☒ un gymna_s_e

☐ atten_t_ion

☐ un _c_entime

☒ on_z_e

☐ fran_ç_ais

☒ une mai_s_on

☐ un _s_ac

☐ des chau_s_ _s_ures

☒ _z_ut!

☒ une chemi_s_e

C *Lis les mots de la partie B.* [z] *ou* [s]*? Fais attention.*

En forme

Üben interaktiv 8yw7qs

5 Quel garçon? (G 3) (nach SB S. 14, Nr. 6)

*Complète les questions avec la bonne forme de **quel**.*
*Complète les réponses avec la bonne **préposition**.*

1. – Regarde le garçon, là-bas.

– Quel garçon?

– Le garçon à côté de Marie.

2. – Tu connais la fille, là-bas?

– Quelle fille?

– La fille devant Mme Ducharme.

3. – Les livres sont à toi?

– Quels livres?

– Les livres derrière le sac, là-bas.

4. – Tu aimes l'affiche?

– Quelle affiche?

– L'affiche sur la table, là-bas.

5. – Vous prenez les listes?

– Quelles listes?

– Les listes sous les livres.

6. – J'aime bien ton stylo.

– Quel stylo?

– Le stylo à côté de l'ordinateur.

Ecrire

6 Je suis en forme! (nach SB S. 14, Nr. 7)

Après la rentrée, tu écris un courriel à ton copain français / ta copine française.
Tu es en forme? Tu as des problèmes? Pourquoi? Ecris le courriel dans ton cahier.

Objet: Rentrée

Salut ______,

Aujourd'hui, c'est la rentrée.

______

Atelier B

Approche

7 «qui» ou «que»? (G 4) (nach SB S. 15, Nr. 1)

Complète les phrases. Utilise ***qui, que*** *ou* ***qu'****.*

1. Alex parle avec Léo qui a l'air triste.
2. Dans la 5e B, il y a des élèves que Marie trouve sympas.
3. Léo regarde le garçon qui est dans l'entrée.
4. Le nouveau est un garçon qu' Alex ne connaît pas.
5. Marie parle avec Julien qui a un problème.
6. Les élèves discutent des professeurs qu' ils vont avoir.
7. Mme Ducharme est une professeure que les élèves aiment bien.
8. Dans sa classe, il y a des élèves que Mme Ducharme connaît déjà.

Joue au détective.
Noch zwei Spezialaufträge:
1. In den Relativsätzen mit ***que/qu'*** muss nach dem Relativpronomen noch ein Subjekt folgen. Markiere diese Subjekte in Rot.
2. Unterstreiche in allen Relativsätzen die Verben.

Lire et écrire

8 A propos du texte (nach SB S. 16, Nr. 2)

A *Relis le texte à la page 16 de ton livre. Mets les images dans le bon ordre. Ecris le bon numéro dans les cases.*

B *Raconte l'histoire. Pour chaque image, écris deux ou trois phrases.*

1. Au cours de M. Racine, Léo ... *Continue dans ton cahier.*

En forme

9 Ma cousine qui … (G 4) (nach SB S. 17, Nr. 4)

→ En plus S. 13, Nr. 1 △; S. 14, Nr. 4 △

△

Üben interaktiv 66kr6t

STRATEGIE

Die Relativpronomen **qui, que / qu', où** sind sehr praktisch, um Sätze zu verknüpfen.
Du kannst so Wiederholungen vermeiden.

Wenn Mehdi seine Urlaubsfotos zeigt, wird er bestimmt nicht sagen:

Voici **la ville**. Nous avons passé nos vacances dans **la ville**.

Er würde vielmehr sagen:

Voici **la ville où** nous avons passé nos vacances.

Travaillez à deux. Lisez les deux phrases et faites-en une seule.

1. Voici la maison. Mes grands-parents habitent dans la maison.

   « Voici la maison où mes grands-parents habitent. »

2. Voici ma cousine. Ma cousine est vraiment jolie.

   « Voici ma cousine qui est vraiment jolie. »

3. Voici son chien. Elle aime bien son chien.

   « Voici son chien qu'elle aime bien. »

4. Mais voici mon cousin. Je déteste mon cousin.

   « Voici mon cousin que je déteste. »

En forme

10 Vous connaissez cette bande? (G 5) (nach SB S. 19, Nr. 8)

→ En plus S. 13, Nr. 3 △; S. 14, Nr. 4 △

Üben interaktiv a3z8dy

La police recherche cette bande.
*Décris le dessin. Utilise **ce, cet, cette, ces** et les expressions à droite.*

1. Cette femme a les cheveux verts.
2. Ces femmes portent des chapeaux bizarres.
3. Ces hommes ont les cheveux très longs.
4. Cette femme a les yeux rouges.
5. Cet homme ressemble à Obélix.
6. Ce chien a l'air fatigué.

les cheveux très longs
l'air fatigué
ressemble à Obélix
des chapeaux bizarres
les yeux rouges

Pratique: tâches

Lire et écrire

11 Titeuf – Le cours d'anglais (nach SB S. 20, Nr. 1)

Üben interaktiv xg66c7

Avant la lecture: Regarde les images. Qu'est-ce que c'est? Un roman, un poème, une bande dessinée?
Pendant la lecture: Il y a des mots que tu ne connais pas? Ça ne fait rien. Continue à lire.

***Continue. Fais un dessin avec un petit texte dans ton cahier.*

Après la lecture:

Regarde les expressions dans ton livre (On dit, p. 14). Pour chaque numéro, écris une phrase qui exprime les sentiments du personnage.
(Schreibe für jede Zahl einen Satz, der die Gefühle der Person ausdrückt.)

1. Je suis très content.
2. ______
3. ______
4. ______
5. ______
6. ______

Ecrire

12 Ma meilleure copine / Mon meilleur copain (nach SB S. 20, Nr. 2)

→ En plus S. 13, Nr. 2 △

Üben interaktiv e7a3p4

PORTFOLIO

Présente ta meilleure copine ou ton meilleur copain.
Ecris un petit texte de 40 à 50 mots dans ton cahier. Ajoute des photos ou des dessins.
Tu peux mettre cette page dans ton portfolio.

Tu peux parler de:

- prénom
- nom de famille
- âge
- date de naissance
- couleur des cheveux
- couleur des yeux
- caractère (timide, cool, ...)
- il / elle aime / déteste ... (vêtements, activités, stars, ...)

Parler

13 Le carnet de correspondance (nach SB S. 20, Nr. 2)

Deine Klasse ist zum Austausch in Frankreich.
Ihr besucht den Unterricht in einer französischen Schule.
Auf dem Schulhof sprichst du mit einem Mädchen / einem Jungen.
Einigt euch, wer welche Rolle übernimmt.
Knicke das Blatt an der gestrichelten Linie.
Mit den eckigen Klammern könnt ihr euch kontrollieren.
Wechselt danach die Rollen. Jouez la scène.

Toi	La fille / Le garçon
1. Du siehst, dass sie / er ein Heft in der Hand hat. Du fragst, was das für ein Heft ist.	**1.** [Tu as un cahier dans la main. Qu'est-ce que c'est comme cahier?]
2. [C'est un carnet de correspondance.]	**2.** Sie / Er antwortet, dass es sich um ein „carnet de correspondance" handelt.
3. Du hast das Wort nicht verstanden und fragst, ob sie / er es wiederholen kann.	**3.** [Je n'ai pas compris le mot. Tu peux répéter, s'il te plaît?]
4. [Oui, bien sûr. C'est un carnet de correspondance. «Carnet», c'est un autre mot pour «cahier».]	**4.** Sie / Er wiederholt das Wort und erklärt, dass „carnet" ein anderes Wort für „cahier" ist.
5. Du fragst, was sie / er mit diesem „carnet de correspondance" macht.	**5.** [Qu'est-ce que tu fais avec ce «carnet de correspondance»?]
6. [C'est un cahier que les élèves ont toujours dans leur sac. C'est un cahier où les profs écrivent des informations pour les parents et les parents pour les profs; par exemple, pourquoi un élève arrive en retard.]	**6.** Sie / Er erklärt, dass es ein Heft ist, das die Schüler immer in ihrer Schultasche haben. Es ist ein Heft, in das Lehrer Informationen für die Eltern und die Eltern für die Lehrer schreiben; z. B. warum ein Schüler zu spät kommt.
7. Jetzt hast du verstanden. Du findest das praktisch.	**7.** [J'ai compris maintenant. Je trouve ça pratique.]

Ecouter
Médiation

14 En classe (nach SB S. 21, Nr. 3)

CD 1, 19
19

A *Du nimmst am Unterricht in einer französischen Klasse teil. Zu Beginn der Stunde macht der Lehrer eine Mitteilung.*
Einer deiner deutschen Klassenkameraden ist nicht da.
Du musst ihm mitteilen, was der Lehrer gesagt hat.
Höre gut zu, dann entscheide dich:
Welche der nebenstehenden Wörter / Ausdrücke sind für die Information völlig unwichtig? Streiche sie durch.

demain, visite de Paris
~~ranger le sac~~
~~répéter~~
rendez-vous devant le collège
changement
~~discuter avec Loubna~~
9 h 30

B *Nun schreibe auf einem Zettel für deinen Klassenkameraden die wichtigste Information auf (auf Deutsch):*

Achtung! Morgen ...

Überprüfe, was du kannst!

geht so ← ● → Klappt noch nicht

● → prima

Im Cahier darfst du die Ampel ankreuzen. Vergleiche deine Lösungen mit den Lösungen auf Seite 94.

Bilan

1 Jeu de mots (nach SB S. 22, Nr. 1)

→ En plus S. 13, Nr. 2 △

Ich kann **Stimmungen** und **Gefühle** ausdrücken.

Quelle phrase va avec quelle image? Dessine des flèches. (Zeichne Pfeile.)

Üben interaktiv dc86iz

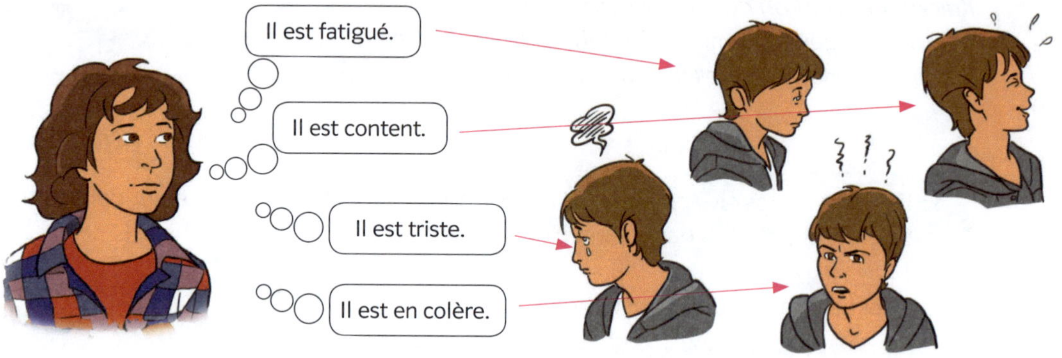

2 Médiation (nach SB S. 22, Nr. 3)

→ En plus S. 13, Nr. 2 △

Ich kann eine deutsche **Personenbeschreibung auf Französisch** wiedergeben.

Üben interaktiv x32pp4

Ein französischer Freund fragt dich in einer E-Mail, wer Lena ist. Du findest einen „Steckbrief" über sie. Du antwortest ihm.

Fais le portrait de Lena. Ecris dans ton cahier.

Name: Meyer-Landrut
Vorname: Lena
Geburtsdatum: 23. Mai 1991
Haarfarbe: braun
Augenfarbe: braun
Merkmale: klein, hübsch, trägt gern schwarze Röcke
Beruf: Sängerin
Größter Erfolg: Gewinn des „Grand Prix" 2010 mit dem Lied „Satellite"

3 En forme (nach SB S. 23, Nr. 4)

→ En plus S. 13, Nr. 1 △, 3 △; S. 14, Nr. 4 △

A Ich kann den Fragebegleiter ***quel*** verwenden.

Üben interaktiv nv55tv

1. Tu habites dans quelle ville? **2.** Quels sont les noms de tes professeurs?

3. Vous avez regardé quel film? **4.** Quelles couleurs est-ce que tu aimes?

B Ich kann die Relativpronomen ***qui, que, où*** verwenden.

1. Mehdi connaît les profs que la 5e A va avoir. **2.** Les élèves vont dans la salle 25 où ils ont cours maintenant. **3.** La prof qu' ils vont avoir en histoire, c'est Mme Ducharme.

4. C'est une prof qui donne des cours intéressants.

C Ich kann den Demonstrativbegleiter ***ce*** verwenden.

1. A qui sont ces livres et ces photos? **2.** On va chez Mehdi cet après-midi?

3. On va au cinéma ce soir. **4.** J'aime bien cette star du cinéma.

En plus: différenciation

En forme

1 Où est la salle où on a cours?

△ *Complète le texte. Utilise* ***qui, que, où****.*

Dans la cour du collège, Julien pose des questions à Léo:

1. – Elle est loin, la salle où nous avons cours après la récréation? – Non, elle est là-bas.
2. – La fille qui parle à Alex, qui est-ce? – C'est Manon. Elle est en 5e C.
3. – Et les trois garçons, là-bas? – Ce sont des élèves de sixième que je ne connais pas.
4. – Comment est notre prof de maths? – C'est quelqu'un qui est vraiment cool.
5. – Et la prof de français? – Je ne sais pas. Mais c'est une prof qu' Alex trouve sympa.
6. – Où est ton copain Mehdi? – Il est au CDI où il cherche un livre.

Jeu de mots

2 Cherche l'intrus.

△ *Barre l'intrus. Remplace l'intrus par un mot qui va avec les autres.*

être ...	une femme	une fille	un homme	~~timide~~ un garçon
avoir les cheveux ...	blonds	roux	longs	bruns
avoir les yeux ...	verts	tristes	marron	noirs
porter ...	un pantalon	une jupe	un sac	un chapeau
ressembler à ...	Moustique	Astérix	Titeuf	Cédric
avoir l'air ...	content	intéressant	en forme	fatigué

En forme

3 Géniales, ces vacances!

△ *Complète le texte. Utilise* ***ce, cet, cette, ces****.*

Mehdi a passé ses vacances chez ses grands-parents. Il montre ses photos à Léo:

1. *Mehdi:* Géniales, ces vacances! **2.** Regarde la maison de mes grands-parents: cette maison est super. **3.** Et voilà notre petit groupe de copains: ces garçons, ce sont Ahmed et Idris.

4. Et ces filles, ce sont Yasmina et Loubna.

5. *Léo:* Et qui est ce monsieur?

6. *Mehdi:* Cet homme? C'est mon grand-père.

En forme

4 «Plus belle la vie»

Marie parle de la série télévisée «Plus belle la vie». Complète le texte avec les mots qui conviennent.

savoir, connaître
quel(s), quelle(s)
ce, cet, cette, ces
qui, que, où

1. «Plus belle la vie», c'est la série _que_ je regarde toujours.
2. Vous ne _connaissez_ pas «Plus belle la vie» _que_ les fans appellent «PBLV»?
3. Je regarde _cette_ série à la télé du lundi au vendredi, à 8 heures 10.
4. C'est une série _qui_ raconte les histoires de Mirta, Blanche, Roland et de beaucoup d'autres gens.
5. _Ces_ personnes habitent et travaillent dans un quartier de Marseille.
6. Il y a Roland _qui_ travaille dans un café _qui_ s'appelle «Bar le Mistral» _où_ les gens aiment aller.
7. Mirta a un petit hôtel, «Le Select», et elle _sait_ tout sur les gens de _ce_ quartier.
8. J'adore _ces_ acteurs _qui_ jouent super bien!
9. Et _quelle_ série est-ce que tu aimes regarder, toi?

Ecouter et regarder

5 Maxime et Driss

A *Avant l'écoute: Regarde les photos.*
Où est-ce que la scène se passe à ton avis? (Wo findet die Szene deiner Meinung nach statt?)

La scène se passe ☐ au collège. ☒ à la maison. ☐ au club de foot.

CD 1, 20
20

B *Ecoute la scène. Coche les bonnes réponses.*

1. La dame est ☒ professeure. ☐ secrétaire. ☐ journaliste.
2. Maxime a envie de ☐ surfer sur Internet. ☐ regarder un match de foot. ☒ faire du foot.
3. A la fin, Maxime et Driss ☐ vont en cours. ☐ font leurs devoirs. ☒ font du foot.

C *Après l'écoute. Maxime stöhnt.*
Worüber würdest du ebenso stöhnen? Schreibe es hier auf.

____

Tu peux regarder la vidéo sur le DVD.

Un peu d'entraînement

→ Lösungen findest du auf S. 95.

Vis-à-vis

Üben interaktiv 2zp7dr

1 A Paris, mais où?

A *Tu reconnais les monuments et le quartier? Ecris les noms.*
(Erkennst du die Bauwerke und das Viertel? Schreibe die Namen.)

B *C'est où, à Paris? Ecris la bonne lettre dans la case.*
(Wo ist das in Paris? Schreibe den richtigen Buchstaben in das Kästchen.)

a Le Louvre

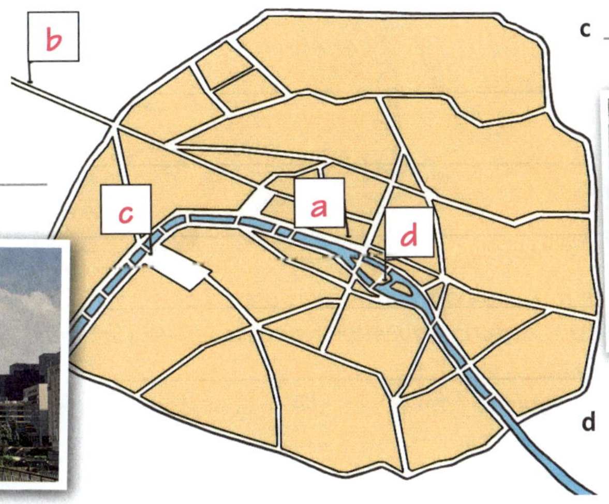

c La tour Eiffel

d Notre-Dame

b Le quartier de La Défense

Lire et écrire

Üben interaktiv nu8t5h

2 Un tour de Paris

A *Lis les phrases. Mets les phrases dans le bon ordre.*
Les lettres entre parenthèses se rapportent à l'exercice 1.
(Die Buchstaben in Klammern beziehen sich auf die Übung 1.)

B *Ecris l'infinitif des verbes ici à droite.*

1. Après, **on a regardé** la grande tour de 300 mètres avec un restaurant. *(c)* — regarder
2. D'abord, **nous avons visité** une cathédrale. *(d)* — visiter
3. Enfin, **on a continué** notre tour dans un quartier très moderne. *(b)* — continuer
4. Alors, à midi, **on a mangé** là. — manger
5. Puis, l'après-midi, **nous avons cherché** un musée avec une pyramide. *(a)* — chercher
6. Hier, ma famille et moi, **nous avons fait** un tour de ville à Paris. — faire

Le bon ordre des phrases est: 6 | 2 | 1 | 4 | 5 | 3

. . . prêts,

. . . partez!

Unité 2
Paris mystérieux

Atelier A

Ecrire

1 A propos du texte (nach SB S.26, Abschnitt 3)

A *Relis le texte dans ton livre page 26, paragraphes 1 à 3.*
Regarde les 3 dessins et écris 3 questions sur une feuille. (Schreibe 3 Fragen auf ein Blatt.)

B *Donne la feuille à ta voisine/ton voisin. Elle/Il écrit les réponses sur ta feuille.*

Exemple:

Question: Avec qui est-ce que Julien chatte souvent le soir?

Réponse: Il chatte souvent avec Marie et Alex.

En forme

2 Qu'est-ce que tu vois? (G6) (vor SB S.27, Nr. 4)

→ En plus S. 25, Nr. 1 △

Üben interaktiv ps7f85

Tu es un bon détective? Regarde les mots:

nos voitures

A *Quelles formes du verbe* ***voir*** *est-ce que tu peux écrire avec les lettres de ces mots?*
Ecris ces formes ici.

je	vois	**tu**	vois	**il/elle/on**	voit
nous		**vous**		**ils/elles**	voient

B *Maintenant, écris les deux formes qui manquent. N'oublie pas les pronoms personnels.*

nous voyons

vous voyez

Vis-à-vis

Franzosen lieben eine Rätselform, die „charade" heißt. Es ist ein Silbenrätsel. Dabei müssen die Silben eines Wortes und das ganze Wort erraten werden.
Die Silben des Wortes werden umschrieben.
Hier ein einfaches Beispiel:

UNE CHARADE

Mon premier est le contraire de «froid».
Mon deuxième est le contraire de «sous».
Mon tout est une chose que je porte à mes pieds.

Solution (Lösung): **chaussure** (chaud + sur)

Et voilà une autre charade: est-ce que tu trouves la solution?

CHARADE

Mon premier est une partie du verbe «voir».
Mon deuxième est en allemand un objet qu'on peut fermer.
Mon tout est un moyen de transport.

Solution: v o i t u r e

En forme

3 Qu'est-ce que tu as fait? (G7) (nach SB S. 28, Nr. 5)

→ En plus S. 25, Nr. 2 △

Üben interaktiv g2qk9t

Complète les dialogues. Utilise le passé composé des verbes suivants:

aimer | avoir | comprendre | demander | écrire | être | faire | lire | mettre | pleuvoir | savoir | voir

1. – Hier, il a fait beau chez vous?

– Non, il a fait mauvais. Il a plu.

2. – Vous avez été au cinéma?

– Oui. Nous avons vu un film génial.

3. – J'ai écrit un courriel.

– Je sais. J'ai lu ton courriel.

4. – Tu as compris les devoirs?

– Non, mais j'ai demandé à des copines.

Elles ont su faire les exercices.

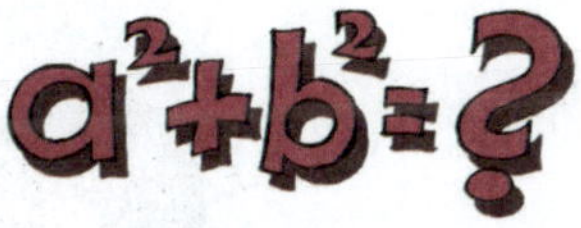

5. – Tu as mis le jean que tu as eu pour ton anniversaire?

– Oui. Il est cool, non? J'ai aimé ce cadeau.

Ecrire

4 Julien raconte … (G7) (nach SB S.28, Nr. 5)

Üben interaktiv 8g382v

Julien raconte dans son journal la visite dans les catacombes. Il commence comme ça:

Hier, notre classe a visité les catacombes. D'abord, nous avons pris …

Continue dans ton cahier. Regarde le dessin. Pour raconter, n'oublie pas les mots comme

puis / après | enfin | alors | tout à coup | à ce moment-là | mais | là

Atelier B

Approche **5**
dangereux / dangereuse (nach SB S. 29, Nr. 1)

A *Regarde les adjectifs dans ton livre pages 25 et 29 n° 1. Ecris la bonne forme de ces adjectifs dans les cases.*

1. Julien est souvent triste: il est
2. Les garçons de la 5e B sont bêtes, mais pas
3. Ils trouvent Julien bizarre: il raconte des histoires
4. Alex et Marie n'ont pas peur. Ce sont des filles
5. Mme Ducharme veut tout savoir. Elle est

m	a	l	h	e	u	r	e	u	x	.	
d	a	n	g	e	r	e	u	x	.		
m	y	s	t	é	r	i	e	u	s	e	s.
c	o	u	r	a	g	e	u	s	e	s	.
c	u	r	i	e	u	s	e	.			

B *Trouve l'adjectif dans les cases jaunes. Ecris une phrase avec cette forme.*

____

Ecrire **6**
A propos du texte (nach SB S. 29, Abschnitt 3)

Üben interaktiv 3ei9ir

Relis les parties 1 à 3 du texte «Manga souterrain», pages 25 et 29 dans ton livre. Puis trouve les phrases. Elles forment un petit résumé de ces trois parties. Ecris les phrases dans ton cahier. Attention à la ponctuation.

1. rencontre un homme | Dans les catacombes | Julien | aux cheveux longs
2. Vladimir | Il | s'appelle
3. un dessinateur qui | son premier manga | C'est | prépare
4. à Vladimir | raconte | Julien | ses problèmes
5. oublie un peu | A la fin | ses idées noires | Julien

En forme **7**
Je n'entends rien! (G 8) (nach SB S. 31, Nr. 4)

→ En plus S. 25, Nr. 3 △

Üben interaktiv v68y5i

A l'entrée des Catacombes, tout le monde parle en même temps. Complète les phrases. Utilise aussi ***ne … pas, ne … plus, ne … rien, ne … pas encore.***

attendre descendre entendre perdre répondre

1. Tu entends quelque chose? — Non, je n'entends rien.
2. Nous attendons encore? — Non, on n'attend plus!
3. Vous descendez déjà? — Non, nous ne descendons pas encore.
4. Mais pourquoi est-ce qu'elles ne répondent pas à ma question?
5. Tu as perdu quelque chose? — Non, je n'ai rien perdu.

Jeu de sons

8 «y» et «u» (nach SB S. 31, Nr. 5)

CD 1, 38, 39 / 38, 39

Üben interaktiv cf37mh

A *Ecoute et lis les deux textes.*

Des stylos
font de la gymnastique
et du rugby
dans le gymnase.
C'est mystérieux!

J'ai entendu dans le bus
des chaussures
discuter sur
des pieds nuls.
C'est curieux!

Comment est-ce qu'on prononce les lettres «y» et «u» dans ces textes? Compare avec l'allemand.

«y»	☐ comme le «ü» dans «Tüte»	☒ comme le «i» dans «Idee»
«u»	☒ comme le «ü» dans «Tüte»	☐ comme le «u» dans «tun»

B *Comment est-ce que tu prononces les mots* une pyramide un pull-over ?

En forme

9 Alex raconte … (G 7, 8) (nach SB S. 32, Nr. 7)

A *Alex a visité avec sa classe les égouts de Paris. Après, elle a parlé à sa grand-mère. Travaillez à deux. Est-ce que vous retrouvez le texte complet? (Attention aux temps des verbes et à la négation.)*

Üben interaktiv rg753j

1. *Mme Latière:* Tu n'as pas l'air heureuse!

   Alex: Oui, c' est vrai. Je suis malheureuse.

   J' ai perdu ma classe dans le métro.

   Dans une station, j' ai vu un monsieur: il a eu un problème avec ses sacs. J' ai attendu un moment et j' ai aidé ce monsieur.

2. Mais ma classe a pris le métro.

   J' ai appelé : «Hé, hé hé! Attendez !»

   Mais trop tard! Ils n'ont rien entendu :

   j' ai été seule.

   Mme Latière: Tu n'as pas eu peur?

   Alex: Si, …

Utilise ces verbes:

1.
ne pas avoir — être
perdre — voir
avoir — attendre
aider

2.
prendre — appeler
attendre
ne rien entendre
être — ne pas avoir

B *Qu'est-ce qu'Alex a fait? Vous avez une idée?*

____

Ecrire et parler

10 Je trouve que … / Je pense que … (nach SB S. 32, Nr. 8)

→ En plus S. 26, Nr. 4 △

A *Travaillez à deux. Ecrivez une petite discussion dans votre cahier.*

Elève A
Tu es dans la même classe que Julien.
Au téléphone, tu discutes avec l'élève B qui aime bien Julien.
Toi, tu trouves qu'il est bizarre.
A la fin, tu es d'accord avec l'élève B.

Elève B
Tu es dans la même classe que Julien.
Au téléphone, tu discutes avec l'élève A qui trouve que Julien est bizarre.
Toi, tu aimes bien Julien.
A la fin, l'élève A est d'accord avec toi.

Voilà des éléments pour vous aider:

Tu (n')as (pas) raison.

C'est une quiche.

Oui. Mais c'est peut-être parce qu'il est souvent seul.

Tu es d'accord?

Je (ne) suis (pas) d'accord.

Ne parle pas comme ça. Je pense qu'il est courageux.

Il est mystérieux et il a toujours des idées noires.

Je trouve Julien bête.

Qu'est-ce que tu en penses?

Oui, peut-être.

Je (ne) trouve (pas) que …

Mais tu ne connais pas Julien. Moi, je respecte Julien.

Il est bizarre. Il ne parle pas.

Je (ne) pense (pas) que …

Ecoute, on va parler à Julien. On va demander pourquoi il a souvent des idées noires. Tu es d'accord?

△ **B** *Maintenant, jouez la discussion au téléphone en classe.*

Jeu de mots

11 Qu'est-ce que c'est? (nach SB S. 33, Nr. 9)

Üben interaktiv b6f33c

Retrouve les mots dans l'unité 2.

1. Quand on n'est pas pour, on est contre.
2. Quand il fait sombre, on ne voit pas bien.
3. Quand on entre dans une maison, on ouvre la porte.
4. Quand on fait quelque chose beaucoup de fois, on fait ça souvent.
5. Quand on lit, on tourne les pages d'un livre.
6. Quand un chat est content, il a peut-être mangé une souris.

Pratique: tâches

Lire
Médiation
Ecrire
Ecouter

12 Une visite des égouts (nach SB S.35, Nr.3)

→ En plus S. 26, Nr. 5 △, 6 △

Votre classe va à Paris. Là, vous allez aussi visiter les égouts.
Pour préparer la visite, votre professeur vous demande de travailler sur le matériel suivant.
(Um den Besuch vorzubereiten, bittet euch euer Lehrer mit dem folgenden Material zu arbeiten.)
Travaillez à deux ou en groupes.
Notez le résultat de votre travail sur la page suivante.

Üben interaktiv tb6ea3

A *Voilà un passage d'un prospectus.*

Les égouts de Paris

L'eau propre est absolument nécessaire pour nous. Tous les jours, nous utilisons beaucoup d'eau dans la cuisine, dans la salle de bains, dans les W.C.
Mais que faire avec l'eau sale?
Au Moyen Age, on ouvre la porte, et hop! l'eau sale est dans la rue.

Puis, il y a les premiers égouts.
En 1850, il y a déjà 160 km de couloirs.
Aujourd'hui, à Paris, il y a 2400 km de couloirs souterrains où va l'eau sale: c'est la canalisation de Paris.
La visite des égouts est très intéressante.

B *Cherchez sur Internet.*

1. *Où est l'entrée pour la visite des égouts?*
2. *Quels jours est-ce qu'on ne peut pas visiter les égouts?*

STRATEGIE

Wenn du dich im Internet über bestimmte Dinge in Frankreich informieren willst, wirst du eine Suchmaschine (un moteur de recherche) brauchen. Dort gibst du Stichwörter ein, z.B. „visite des égouts de Paris". Bei den angezeigten Seiten kannst du an der Endung „.fr" erkennen, dass es sich um eine französische Seite handelt.

C *Votre classe va être dans un hôtel non loin de la station de métro «Charonne». Votre professeur a écrit sur un papier quel métro vous allez prendre pour aller au musée des égouts.*

Von unserem Hotel gehen wir zur Metro-Station „Charonne". Dort nehmen wir die Linie 9 in Richtung „Pont de Sèvres". Wir steigen bei der Station „Alma-Marceau" aus. Wir überqueren die Seine und sind dann vor dem Eingang.

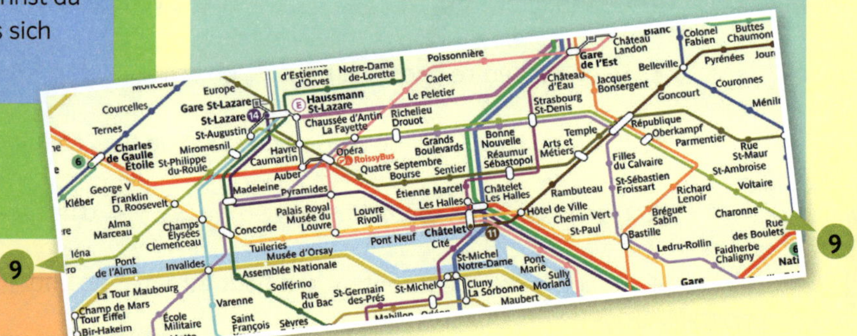

CD 1, 40

D *Votre assistante de français raconte une histoire sur les égouts. Qu'est-ce qu'elle raconte? Ecoutez.*

A Prospectus:

1. *Findet im Text die französischen Wörter für „sauber“:* propre *und „schmutzig“:* sale.

2. *Für Klassenkameraden, die den Text nicht verstanden haben, fasst ihr auf Deutsch in drei Sätzen die folgenden Informationen zusammen:*

Was machte man im Mittelalter (Moyen Age) mit dem schmutzigen Wasser?
Was sind die „égouts“?
Wie lang sind sie heute?

Im Mittelalter wurde das schmutzige Wasser einfach auf die Straße geschüttet.

Die „égouts“ sind die Kanalisation von Paris. Sie sind heute 2400 km lang.

B Internet:

1. L'entrée du musée est: Pont de l'Alma, 93 quai d'Orsay.

2. Le musée est fermé: le jeudi et le vendredi.

C Comment aller de l'hôtel au musée des égouts?

1. *Trouvez dans le texte les mots allemands pour «ligne»:* Linie *et «direction»:* Richtung.

2. *Vous notez sur un papier 4 points pour expliquer comment aller de votre hôtel au musée.*

d'abord aller à la station de métro «Charonne»

puis prendre la ligne 9 direction «Pont de Sèvres»

après descendre à la station «Alma-Marceau»

à la fin traverser la Seine

D Qu'est-ce que l'assistante a raconté? *Ecoutez et prenez des notes:*

1. A Paris, l'assistante habite 13 rue de Paradis.

2. Elle a perdu sa clé de voiture et elle a téléphoné au bureau des égouts.

Maintenant expliquez en français pourquoi les égouts sont comme une ville sous la ville et pourquoi on a retrouvé l'objet perdu.

Les rues de la ville et les couloirs des égouts ont le même nom. Souvent, on peut lire aussi les numéros des maisons. On a retrouvé la clé dans les égouts au 13 rue de Paradis.

Lösungen findest du auf Seite 95.

Bilan

1 Ecouter (nach SB S. 36, Nr. 1)

→ En plus S. 26, Nr. 5 △, 6 △

Ich kann **verstehen,** wenn ein **persönliches Erlebnis erzählt** wird.

Ecoute le texte, puis coche la bonne réponse.

CD 1, 41 / 41

Üben interaktiv 4b53k9

1. Mehdi a pris
- [X] le métro.
- [ ] le bus.
- [ ] le vélo.

2. Il a perdu
- [ ] ses clés.
- [ ] son portable.
- [X] sa classe.

3. Il a appelé son professeur avec
- [ ] son portable.
- [X] le portable de Mme Cartier.
- [ ] le portable de M. Racine.

2 En forme (nach SB S. 37, Nr. 4)

→ En plus S. 25, Nr. 1 △, 3 △; S. 26 Nr. 4 △

A Ich kann das Verb ***voir*** verwenden.

Üben interaktiv c5d39w

1. Il fait sombre. Je ne vois rien. **2.** Et vous, vous voyez quelque chose?

3. Nous, non! Mais Alex et Léo voient déjà la fin du couloir. **4.** Oh, là, j'ai vu un vampire!

5. Tu as vraiment vu un vampire? **6.** Mais non, c'est une blague! Je n'ai rien vu!

B Ich kann die **Verben auf *-dre*** verwenden.

1. *(descendre)* Je descends ici. Et toi? – Non, je ne descends pas encore.

2. *(attendre)* Jérôme attend devant le cinéma? – Non, mais Clara et Lilou vont attendre à la sortie du métro.

3. *(répondre)* J'appelle les filles, mais elles ne répondent pas.

4. *(entendre)* Elles n'ont peut-être pas entendu le téléphone.

5. *(perdre)* Je pense que Lilou a perdu son portable.

3 Parler et écrire (nach SB S. 37, Nr. 6)

→ En plus S. 25, Nr. 2 △

Ich kann **erzählen,** was **passiert ist,** und dabei **Zeitadverbien** verwenden.

Hier soir, à la maison: enfin puis après d'abord

Üben interaktiv 335m9m

1. D'abord, j'ai lu *(lire)* une BD. **2.** Puis, j'ai écrit *(écrire)* un courriel.

3. Après, j'ai appelé *(appeler)* un copain. **4.** Enfin, j'ai ouvert *(ouvrir)* mon sac, j'ai pris *(prendre)* un livre et j'ai fait *(faire)* mes devoirs.

Lösungen findest du auf S. 96.

En plus: différenciation

Ecrire

1 Qu'est-ce qu'on voit dans ses rêves?

△ *Colorie les rimes avec la même couleur.*
Puis écris un poème sur une feuille.
Utilise le verbe ***voir****.*

PORTFOLIO

Tu peux ajouter des dessins et mettre ton poème dans ton portfolio.

Je vois dans l'appartement
un petit éléphant.
Tu v…
Elle …
Nous …
Vous …
Ils …
Et puis j'ai v…

dans l'appartement | dans la cour | dans la cuisine | dans le lit | dans le salon | dans les souterrains | sur les escaliers

beaucoup de bonbons | des milliers de papiers | Marie, ma copine | un petit éléphant | un taxi gris | un très beau chien | une grande tour

Ecouter et écrire

2 Dictée à deux

△ *Fais une dictée avec ta / ton partenaire.*
Pliez la feuille au milieu.
A la fin, contrôlez le résultat à deux.

Toi	Ta / Ton partenaire
1. Tu as été à Paris?	**2.** Oui, mais il n'a pas fait beau, il a plu.
3. Dommage! Alors, tu as mis ton anorak?	**4.** Oui, et on a souvent pris le métro.
5. Tu as vu les catacombes? Tu as eu peur?	**6.** Mais non. Je n'ai pas eu peur. Je ne suis pas une quiche!

En forme

3 Trouve les verbes.

△ *Regarde les verbes en* ***-dre: attendre, descendre, entendre, perdre, répondre.***
Quelqu'un a écrit ces verbes, mais il a oublié les consonnes.
Trouve l'infinitif, ajoute la forme demandée et le participe passé.

eee	=	descendre	je descends	descendu
éoe	=	répondre	il / elle / on répond	répondu
ee	=	perdre	nous perdons	perdu
aee	=	attendre	vous attendez	attendu
eee	=	entendre	ils / elles entendent	entendu

En forme

4 Les copains discutent.

Complète le texte.

Les copains parlent de Julien:

qui | que | qu'

1. *Léo:* Qu' est-ce que vous pensez de Julien?
2. *Mehdi:* Je trouve que c'est un garçon qui est bizarre.
3. *Alex:* Je vois qu' il est seul.
4. *Léo:* Je comprends qu' il est timide, surtout après le dialogue que j'ai lu sur Internet.
5. *Marie:* Est-ce que vous savez qui a écrit ça?
6. *Mehdi:* Non, mais je pense que les personnes qui ont écrit ça sont bêtes.
7. *Alex:* Et moi, je sais qu' elles sont nulles.

Ecouter

5 Marie raconte une histoire.

A *Ecoute le texte, puis complète les phrases.*

CD 1, 42
42

1. Marie raconte l'histoire à Simone.
2. Le portable de Marie tombe dans les égouts.
3. Marie appelle le bureau des égouts.
4. Dans les égouts, on a trouvé un sac avec des milliers d'euros.

B *Maintenant, Marie écrit une lettre à Lilou. Elle raconte la même histoire. Ecrivez cette lettre dans votre cahier.*

Regarder et écouter

6 Jean-Christophe visite Paris.

A *Avant le visionnement (Vor dem Ansehen):*
Regarde d'abord les photos des monuments sur la page 1 de ton Cahier d'activités. Puis regarde la vidéo «Découvertes à vélo» sur ton DVD.

B *Pendant le visionnement (Während des Ansehens):*
Les noms de quels monuments de la page 1 est-ce que tu entends dans la vidéo?

Ecris les numéros de ces monuments: 6 10 15 12 13

C *Après le visionnement (Nach dem Ansehen):*

1. Jean-Christophe fait une excursion à Fontainebleau.

Ecris quel sport on fait là-bas: Faire de l'escalade

La reine à la conciergerie

2. Jean-Christophe sieht eine Pariser Sehenswürdigkeit, die ihr nicht kennt. Sie heißt «la Conciergerie». Dieses Gebäude diente lange Zeit als Gefängnis. Dort war auch eine französische Königin eingesperrt. *Cherchez sur Internet. Vous pouvez travailler à deux.*

Trouvez le nom de la reine. Ecrivez son nom: Marie-Antoinette

PORTFOLIO

Das kann ich schon! (nach Unités 1 – 2)

Üben interaktiv 3735u2

Selbsteinschätzung: *Hier kannst du feststellen, wie fit du bist. Kreuze an, wie deine Ampel steht (linke Ampel). Wenn du unsicher bist, wiederhole die Übungen, die in der rechten Spalte angegeben sind. Zu dieser Seite findest du weitere Testaufgaben in der Übungssoftware.*

Partnereinschätzung: *Ihr könnt euch auch gegenseitig einschätzen (rechte Ampel).*

Selbsteinschätzung am: ____________ *Datum* Partnereinschätzung am: ____________ *Datum*

Parler / Ecouter / Ecrire / Lire / Médiation

Sich auf Französisch verständigen	Selbst	Übungen	Partner
Ich kann beschreiben, wie ich mich fühle (z. B. müde, zufrieden, traurig …).	● ● ●	SB S. 14, Nr. 7 CdA S. 7, Nr. 6	● ● ●
Ich kann schon viele Angaben zu einer Person machen (z. B. Name, Alter, Geburtsdatum, Haar- und Augenfarbe …).	● ● ●	SB S. 18, Nr. 6 CdA S. 10, Nr. 12	● ● ●
Ich kann auf einfache Art ein persönliches Erlebnis erzählen.	● ● ●	SB S. 35, Nr. 3 CdA S. 18, Nr. 4	● ● ●
Ich kann in einer Diskussion ausdrücken, was ich denke und wie ich etwas finde.	● ● ●	SB S. 27, Nr. 3 CdA S. 21, Nr. 10	● ● ●
Ich kann schon eine Originalseite aus einem einfachen französischen Comic lesen und verstehen.	● ● ●	CdA S. 10, Nr. 11	● ● ●
Médiation: Wenn ich einfache deutsche Texte lese (z. B. einen Prospekt), kann ich mir Stichworte notieren und den Inhalt anhand der Stichworte auf Französisch wiedergeben.	● ● ●	SB S. 21, Nr. 3 CdA S. 22, Nr. 12C	● ● ●
Médiation: Wenn ich einfache französische Texte höre (z. B. Hinweise des Lehrers zu einem Ausflug), kann ich davon einige wichtige Informationen auf Deutsch wiedergeben.	● ● ●	SB S. 28, Nr. 6 CdA S. 11, Nr. 14	● ● ●

Vis-à-vis

Hier und dort			
Ich kenne einige Besonderheiten des Schuljahresbeginns in Frankreich.	● ● ●	SB S. 10 CdA S. 5	● ● ●
Ich weiß, wie die Klassenstufen des „collège“ heißen.	● ● ●	SB S. 11	● ● ●
Ich kenne einige in Frankreich beliebte Comic-Figuren.	● ● ●	SB S. 19, Nr. 9 CdA S. 10, Nr. 11	● ● ●
Ich kenne einige ungewöhnliche „Sehenswürdigkeiten“ in Paris. Ich kann sagen, worum es sich bei den „catacombes“ und den „égouts“ handelt.	● ● ●	SB S. 25 SB S. 28, Nr. 6 CdA S. 22, Nr. 12	● ● ●

Stratégie

Gewusst, wie …			
Ich kenne einige Redewendungen, die mir helfen, ein Gespräch zu beginnen, zu führen und zu beenden.	● ● ●	SB S. 15, Nr. 8	● ● ●
Wenn ich nicht weiß, wie ein Wort auf Französisch heißt, kann ich es umschreiben.	● ● ●	SB S. 17, Nr. 5 CdA S. 11, Nr. 13	● ● ●
Ich kenne einige Dinge, auf die ich achten muss, wenn ich eine Geschichte erzähle (z. B. die Verwendung von Zeitadverbien).	● ● ●	SB S. 33, Nr. 10	● ● ●

Wo hast du die grüne Ampel angekreuzt? Übertrage diese Einträge auf das Poster am Ende des „Cahier“.

Lösungen und Tipps findest du auf S. 96.

Révisions (nach Unités 1–2)

Jeu de mots

1 Qui dit ...

Üben interaktiv 2z86hv

A *Geht zu zweit auf eine Wörterreise. Startet mit einem Wort. Dann ergibt ein Wort das andere. Schreibt die Zeilen im Wechsel. Am Ende steht ein Abschlusssatz.*

Voici un exemple qui commence avec le mot «anniversaire».

Qui dit anniversaire, dit bougie.
Qui dit bougie, dit chanter.
Qui dit chanter, dit joyeux.
Qui dit joyeux, dit cadeau.
Qui dit cadeau, dit copains.
Qui dit copains, dit sympa.
Qui dit sympa, dit jouer.
Alors, on joue!

Choisissez un mot et commencez votre voyage.
(Wählt ein Wort und beginnt eure Reise.)

Internet – école – copain – **??** *Choisissez votre propre mot. (Wählt euer eigenes Wort.)*

B *Lisez votre texte devant la classe.*

PORTFOLIO

Tu peux ajouter des dessins et mettre le texte dans ton portfolio.

Jeu de mots

2 L'allemand et le français

Üben interaktiv gn95z2

Ecris en français. Attention à ***«sehen»*** *et* ***«hören»****!*

voir ou ***regarder***?

entendre ou ***écouter***?

1. Alex sieht sich die Liste an. Sie sieht den Namen ihrer Freundin.

   Alex regarde la liste. Elle voit le nom de son amie.

2. – Hast du Julien gesehen? – Ja. Er sieht fern.

   – Tu as vu Julien? – Oui. Il regarde la télé.

3. – Hör (mal), Léo! Hörst du ein Geräusch?

   – Ecoute, Léo! Tu entends un bruit?

4. Aber Léo hört nichts. Er hört eine CD.

   Mais Léo n'entend rien. Il écoute un CD.

Du kannst dir den Unterschied gut mit Bildern einprägen, z.B.:

regarder

voir

écouter

entendre

Un peu d'entraînement

→ Lösungen findest du auf S. 96.

En forme

1 Après le sport

Üben interaktiv 7nb4xy

Tout le monde aime le sport, mais après ...
Ecris les bonnes formes du verbe ***être*** *et de l'adjectif* ***fatigué.***

1.

Moustique n'est pas fatigué.

2.

Mais Alexandra est fatiguée.

3.

Les garçons aussi sont fatigués.

4.

Marie et Clara ne sont pas fatiguées.

5.

M. et Mme Chabane sont fatigués.

6.

Malabar n'est pas fatigué.

Das weißt du schon: An welches Satzglied wird das Adjektiv nach ***être*** *angeglichen?*

An das Subjekt.

Parler et écrire

2 En cours

Üben interaktiv 56gw6s

Qu'est-ce que tu dis dans les situations suivantes? (Was sagst du in den folgenden Situationen?)

1. Du sagst deinem Lehrer, dass du noch eine Frage hast. J'ai encore une question.
2. Du sagst, dass du nicht verstanden hast. Je n'ai pas compris.
3. Du bittest um Wiederholung. Est-ce que vous pouvez répéter, s'il vous plaît?
4. Du fragst nach der deutschen Bedeutung. Qu'est-ce que c'est en allemand?

... prêts,

... partez!

Unité 3
La vie au collège

Atelier A

Ecrire **1** **A propos du texte** (nach SB S. 44, Nr. 2)

Üben interaktiv 42a9d6

Entoure les cinq différences entre les deux images, puis complète le texte.

Scènes de v i e au collège: **1.** Dans la salle de p e r m a n e n c e, Alex a p p r e n d sa leçon. **2.** Léo note ses devoirs dans le c a h i e r de textes. **3.** Mehdi lit le m e s s a g e que Mme Ducharme a écrit dans le c a r n e t de correspondance. **4.** Sacha pense à son b u l l e t i n scolaire. Il ne va pas avoir la m o y e n n e en géo. Il a eu sept sur v i n g t à la dernière interro. **5.** Marie discute avec le s u r v e i l l a n t. Elle prépare un e x p o s é sur un pays pauvre.

En forme **2** **Quand on veut, on peut!** (G 9, 10) (nach SB S. 45, Nr. 4)

Üben interaktiv iu6g36

*Quelles formes des verbes **pouvoir** et **vouloir** est-ce que tu écris avec les lettres «-eu-» et quelles formes avec «-ou-»?*

- eu - pouvoir	- eu - vouloir	- ou - pouvoir	- ou - vouloir
je peux	je veux	nous pouvons	nous voulons
tu peux	tu veux	vous pouvez	vous voulez
il / elle / on peut	il / elle / on veut		
ils / elles peuvent	ils / elles veulent		

En forme

3 Dialogues dans la cour du collège (G 1, 7, 9, 10) (nach SB S. 45, Nr. 4)

Complète les dialogues. Utilise ***savoir, vouloir*** *ou* ***pouvoir.***
Attention aux temps (présent / passé composé) et à la négation.

BLAGUE

La prof demande à Amélie: «Conjugue le verbe *savoir* à tous les temps.»
«Je sais qu'il pleut, tu sais qu'il fait beau, il sait qu'il neige…»

1. – On va au cinéma? Avec Julien, d'accord?

savoir ou **vouloir**? – Comme tu veux. Il est cool, Julien.

2. – Vous avez fait les devoirs d'allemand?

savoir ou **pouvoir**? – Non, nous n'avons pas su conjuguer les verbes.

3. – Mehdi a fait du foot à la récré?

savoir ou **vouloir**? – Il a voulu,

pouvoir ou **savoir**? mais il n'a pas pu. Il a eu mal aux pieds.

4. – Nous cherchons encore des chanteurs pour notre groupe.

– Je vais demander à mes sœurs.

savoir ou **pouvoir**? Elles savent très bien chanter.

Parler

4 Tu es gonflé! (nach SB S. 47, Nr. 8)

→ En plus S. 38, Nr. 1 △

Üben interaktiv z82s6m

Marie stellt Sacha wegen des „Ideenklaus" zur Rede. Einigt euch, wer welche Rolle übernimmt. Knicke das Blatt an der gestrichelten Linie. Mit den eckigen Klammern könnt ihr euch kontrollieren. Wechselt danach die Rollen. Jouez la scène. (Wenn ihr Wörter nicht kennt, versucht, sie zu umgehen. Oder schaut in der „Liste des mots" in eurem Buch nach.)

Marie	Sacha
1. Du bist wirklich dreist. Du kannst doch nicht die Themen der anderen klauen!	**1.** [Tu es vraiment gonflé! Tu ne peux pas piquer les sujets des autres!]
2. [Arrête! Je n'ai rien piqué. Tout le monde sait qu'il y a cette course.]	**2.** Hör auf! Ich habe nichts geklaut. Jeder weiß, dass es dieses Rennen gibt.
3. Gut. Dann schlage ich vor, das Referat zusammen zu machen. Einverstanden?	**3.** [Bien. Alors, je propose de faire l'exposé ensemble. D'accord?]
4. [Un exposé? Ce n'est pas mon truc. J'aimerais mieux participer à la course.]	**4.** Ein Referat? Das ist nicht mein Ding. Ich würde lieber am Rennen teilnehmen.
5. Warum nicht? Das ist eine gute Idee. Aber du wirst nicht gewinnen. Du bist zu schlecht!	**5.** [Pourquoi pas? C'est une bonne idée. Mais tu ne vas pas gagner. Tu es trop nul!]
6. [Et toi, tu n'es pas sympa. Regarde la course. Tu vas avoir une surprise.]	**6.** Und du, du bist nicht nett. Schau das Rennen an. Du wirst eine Überraschung erleben.
7. Wenn du willst. Da bin ich neugierig.	**7.** [Si tu veux. Là, je suis curieuse.]

Jeu de sons

CD 2, 11 54

Üben interaktiv t2at4m

5 [a] ou [wa]? (nach SB S. 47, Nr. 10)

A *Ecoute la phrase. Quand est-ce que tu entends un* [a] *comme dans* ***ma*** *ou un* [wa] *comme dans* ***moi****? Coche les bonnes cases.*

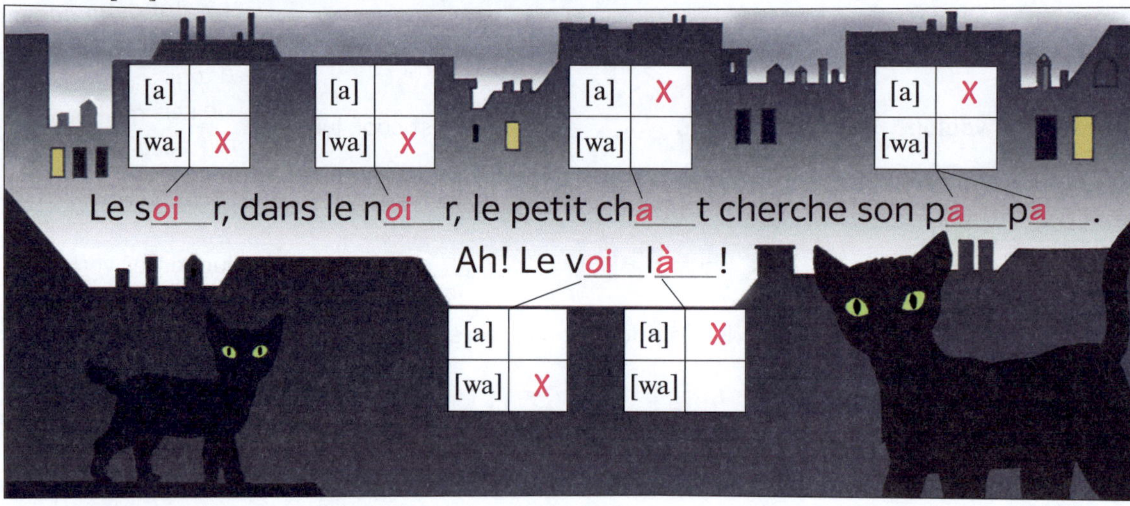

B *Complète les mots. Quand tu entends* [wa]*, tu écris toujours* oi.

C *Maintenant, lis la phrase. Fais attention à* [a] *et* [wa] .

Atelier B

Jeu de mots

Üben interaktiv fn99yd

6 Trouve le verbe. (nach SB S. 49, Nr. 4)

A *Regarde les textes dans ton livre page 48 nº 1 et page 49 nº 4. Trouve dans ces textes le verbe qui va avec les mots donnés.*

1. penser — à la dispute / à son copain / à la course / à la fête
2. continuer — longtemps / le jeu / tout droit / un peu
3. arrêter — la voiture / la course / de chanter / le bruit
4. avancer — dans son travail / l'heure / d'un kilomètre / toujours
5. rester — une minute / au lit / à faire / pour une fête
6. revenir — à la maison / l'année prochaine / du collège / heureux

B *Prenez ces six verbes et imaginez une histoire. Ecrivez au moins six phrases. Vous pouvez travailler à trois.*

C *Lisez votre histoire devant la classe.*

En forme

Üben interaktiv xd8sk2

7 Viens ici. (G 11) (nach SB S. 48, Nr. 3)

Regarde les dessins. Complète les phrases.
*Utilise le verbe **venir** (infinitif, impératif, présent, futur composé).*

Ecouter et écrire

CD 2, 12 55

Üben interaktiv 23f98a

8 Elles sont arrivées. (G 12) (nach SB S. 49, Nr. 7)

A *Ecoute et complète les phrases. Puis coche la bonne forme du participe passé.*

1. Elles sont

arrivé.	
arrivée.	
arrivés.	
arrivées.	X

2. Elle est

resté.	
restée.	X
restés.	
restées.	

3. Il est

entré.	X
entrée.	
entrés.	
entrées.	

4. Ils sont

tombé.	
tombée.	
tombés.	X
tombées.	

5. Elles sont

descendu.	
descendue.	
descendus.	
descendues.	X

6. Elle est

revenu.	
revenue.	X
revenus.	
revenues.	

B *Ecris trois phrases avec les éléments suivants.*

Il | Elle | Ils | Elles

sont | est

aller en France | arriver | retourner en Allemagne | venir | descendre | rester | monter | entrer | rentrer | tomber

Maintenant, corrigez les phrases ensemble.

En forme

9 Le sport, c'est la mort! (G 12) (vor SB S. 50, Nr. 8)

→ En plus S. 38, Nr. 2 △; S. 39, Nr. 4 ▲

Üben interaktiv hd8k6v

Samedi soir, Marie écrit à Simone. Complète le texte. Utilise le passé composé. Fais attention à l'accord du participe passé.

Aujourd'hui, je ne suis pas allée à Interclub. Je suis allée chez Alex, et puis Alex et moi, nous sommes allées chez Léo. Mehdi, Sacha et Julien sont arrivés aussi, mais Jérôme n'est pas venu. Il est allé à un match de rugby. Nous avons écouté des CD. Tout à coup, Mme Pirou est entrée dans la chambre: «Arrêtez ce bruit!» Nous sommes descendus dans le parc. Alex n'est pas restée longtemps. Moi, j'ai fait du foot avec les garçons. Et voilà, je suis tombée. J'ai eu très mal. Le sport, c'est la mort! Je suis retournée à la maison en taxi. Léo, Mehdi et Julien sont restés dans le parc, mais Sacha est venu avec moi. Il est sympa, Sacha! :-))

~~ne pas aller~~ – aller – aller – arriver – ne pas venir – aller – entrer – descendre – ne pas rester – tomber – retourner – rester – venir

Marie est rentrée à la maison en taxi. Pourquoi?

Médiation
Vis-à-vis

10 Fais l'interprète. (nach SB S. 50, Nr. 10)

Du begleitest Romain, den neuen Gastschüler aus Frankreich, ins Sekretariat deiner Schule. Du willst ihn beim Direktor vorstellen. Eure Sekretärin spricht kein Französisch. Romain fühlt sich im Deutschen noch sehr unsicher. Du hilfst ihnen beim Gespräch. Arbeitet zu dritt. Nur der Dolmetscher arbeitet ohne Heft. Wechselt nach einem Durchgang die Rollen.

Sekretärin

1. Na, Romain, bleibst du dieses Jahr in unserer Schule?
3. Ein Trimester? In einer Schule? Frag ihn mal, ob er mir das erklären kann.
5. Frag ihn, ob er gute Noten hat.
7. Wieso 15? Diese Note kenne ich nicht.
9. Dann ist 1 eine sehr schlechte Note? Das ist seltsam.
11. Ich bedanke mich. Jetzt habe ich etwas gelernt. Ihr könnt jetzt zum Direktor gehen.

STRATEGIE

Beim Dolmetschen musst du nicht immer wörtlich übersetzen.

Romain

2. Non, je ne vais rester qu'un trimestre.
4. Oui, en France, l'année scolaire a trois parties. Et après chaque trimestre, il y a un bulletin.
6. Ça va. En maths, j'ai eu 15.
8. Chez nous, les notes vont de 1 à 20. 15 est une très bonne note.
10. Et ici, les élèves sont très heureux quand ils ont 1. Pour moi, c'est bizarre aussi.
12. Merci beaucoup, madame.

Pratique: tâches

Lire

Üben interaktiv z687uw

11 Une histoire (nach SB S. 52)

Fusée

– Range ta chambre!

Tom en a assez. Impossible de jouer, ici. Son père est entré et s'est mis à hurler[1]:

– Range ta chambre! Sinon[2], tu es privé de télévision!

Tom ne dit rien. Il ouvre la fenêtre, monte dans sa fusée et part sur la Lune[3].

C'est bien, sur la Lune. On n'est pas obligé de ranger sa chambre. Mais il faut se laver[4] dix fois par jour, de la tête aux pieds.

Alors Tom remonte dans sa fusée et s'en va sur Mars.

C'est bien, sur Mars. Pas besoin de se laver. Mais l'école dure de six heures du matin à dix heures du soir, samedi et dimanche compris[5].

Alors Tom remonte dans sa fusée et s'en va sur Jupiter. C'est bien, sur Jupiter. Il n'y a pas d'école. Mais on mange des épinards[6] matin, midi et soir.

Alors Tom remonte dans sa fusée et retourne sur Terre[7]. Il range sa chambre (un tout petit peu), puis va à la cuisine.

– Où étais-tu[8]? demande sa mère. Je me faisais du souci[9] …

– J'ai préparé de la mousse au chocolat, dit son père.

Finalement, c'est assez bien, sur Terre.

(Bernard Friot, *Histoires minute*; Illustrations de Jacques Azam, © Editions Milan, Collection Milan Poche Cadet +, 2004)

Lis l'histoire, puis réponds aux questions.

1. Sur quelle planète est-ce qu'on mange beaucoup d'épinards? Sur Jupiter.

2. Trouve dans le texte le mot français pour «eine Rakete»: une fusée.

3. Le texte a cinq parties.
Tire un trait (ziehe einen Strich) là où les parties commencent, puis donne un titre à chaque partie. (Gib jedem Teil eine Überschrift.)

STRATEGIE
Wenn du einen Text gliedern kannst, hast du ihn gut verstanden.

Partie 1: Tom quitte la Terre.

Partie 2: Tom va sur la Lune.

Partie 3: Tom va sur Mars.

Partie 4: Tom va sur Jupiter.

Partie 5: Tom retourne sur Terre.

4. Tom dit: «Finalement, c'est assez bien, sur Terre.»
Continue et écris au moins trois phrases dans ton cahier.

1 **hurler:** crier; 2 **sinon:** andernfalls; 3 **la Lune:**  ; 4 **il faut se laver:** man muss sich waschen; 5 **compris:** aussi;
6 **des épinards:** Spinat; 7 **la Terre:** 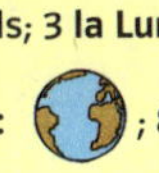 ; 8 **Où étais-tu?:** Wo warst du?; 9 **Je me faisais du souci:** Ich habe mir Sorgen gemacht

Ecrire
Vis-à-vis

12 L'emploi du temps (nach SB S. 52)

Üben interaktiv a8ru22

Voilà l'emploi du temps d'un élève de 5e: lundi, mardi et mercredi.

Heures	Lundi	Mardi	Mercredi
8 h 00 – 8 h 55	allemand	technologie	physique-chimie
9 h 00 – 9 h 50		S.V.T.	physique-chimie
	récréation		
10 h 05 – 11 h 00	mathé-matiques	éducation musicale	français
11 h 05 – 12 h 00	histoire-géo	français	histoire-géo
	pause / cantine		
13 h 30 – 14 h 25	mathé-matiques	E.P.S.	
14 h 30 – 15 h 25	technologie	E.P.S.	
	récréation		
15 h 40 – 16 h 30	technologie	anglais	
16 h 40 – 17 h 30		allemand	

Note ici ton emploi du temps du jeudi et du vendredi. Ecris les matières en français.

Heures	Jeudi	Vendredi

Ecouter
et écrire

13 Une journée au collège (nach SB S. 52)

→ En plus S. 38, Nr. 3 △

A *Tu téléphones à ton copain français. Tu demandes: «Comment c'est, une journée chez toi? Raconte, par exemple, ce que tu as fait hier.» (Erzähle zum Beispiel, was du gestern gemacht hast.) Ecoute la réponse de ton copain.*

CD 2, 13
56

> **Vis-à-vis**
> In Frankreich haben die Schüler mittwochnachmittags keinen Unterricht. Dann haben sie Zeit für ihre Hobbys.

L'emploi du temps de l'exercice n° 12, c'est l'emploi du temps de ton copain.

1. Il a eu combien d'heures de cours le matin? *(Ecoute bien.)*

Il a eu 2 heures de cours.

2. Il a décrit quelle journée?

Il a décrit le lundi.

3. **REBUS**[1]

Que dit ton copain? Tu trouves la solution?

J' ♥ les  ~~per~~dre 

l = d ; t = s

Il a dit: J'aime les vendredis.

B *Ecris maintenant un courriel à ton copain. Raconte comment tu as passé la journée de jeudi ou de vendredi dernier. Utilise le passé composé. Ecris dans ton cahier.*

1 **un rébus** ein Bilderrätsel

Bilan

1 Parler et écrire (nach SB S. 53, Nr. 1)

→ En plus S. 38, Nr. 1 △

Ich kann **Vorschläge** machen und auf Vorschläge reagieren.

Üben interaktiv 9tx5uc

Regarde dans ton livre page 47 nº 8. Puis complète les phrases.

1. Je propose de faire du foot. – Moi, j'aimerais mieux faire du rugby.
2. Tu es d'accord pour aller au parc? – Non, ça ne me dit rien.
3. On se retrouve devant le collège? – Si tu veux.

2 En forme (nach SB S. 53, Nr. 2)

Ich kann die Verben ***pouvoir, vouloir*** und ***venir*** verwenden.

Üben interaktiv m348aj

1. *Mehdi:* Vous venez chez moi cet après-midi? Faire un jeu vidéo? **2.** *Marie et Sacha:* Non, nous ne pouvons pas venir. Nous voulons aller à la bibliothèque. Mais, viens avec nous. Julien et Léo viennent aussi. Ils veulent préparer un exposé. **3.** *Mehdi:* Non, je ne peux pas venir. Mon frère veut faire le jeu vidéo avec moi.

3 Parler et écrire (nach SB S. 54, Nr. 4)

→ En plus S. 38, Nr. 2 △; S. 39, Nr. 4 ▲

Ich kann **erzählen**, was **passiert ist**, und dabei **Zeitadverbien** verwenden.
Ich kann bei **Passé composé**-Formen mit ***être*** das **Participe passé** angleichen.

Üben interaktiv ud74g8

Alexandra raconte: à dix heures | ~~aujourd'hui~~ | puis | à midi | après | d'abord | à huit heures moins dix

1. Aujourd'hui, je suis arrivée *(arriver)* au collège à huit heures moins dix.
2. D'abord, Marie et moi, nous sommes restées *(rester)* dans la cour.
3. Puis, Léo et moi, nous sommes allés *(aller)* dans la salle de M. Dubois.
4. A dix heures, les élèves sont descendus *(descendre)* dans la cour pour la récréation.
5. A midi, Léo est venu *(venir)* avec moi à la cantine.
6. Après, tout le monde est rentré *(rentrer)* à la maison.

De quel jour parle Alex? Elle parle du mercredi.

Die Lösungen findest du auf S. 97.

En plus: différenciation

Lire et parler

1 Ce n'est pas mon truc.

△ *Quelle expression française va avec quelle expression allemande? Tire des traits.*

- Damit kann ich nichts anfangen.
- Wollen wir zusammen eine DVD anschauen?
- Si tu veux.
- Tu es d'accord pour regarder un DVD?
- Wollen wir zusammen arbeiten?
- Ce n'est pas mon truc.
- Je veux bien.
- Wenn du willst.
- Je n'ai pas envie de travailler.
- On travaille ensemble?
- Gern.
- Ich habe keine Lust zu arbeiten.
- Ich würde lieber eine CD hören.
- Ça ne me dit rien.
- J'aimerais mieux écouter un CD.
- Das ist nicht mein Ding.

En forme

2 Attention aux participes passés!

△ *Complète le texte. Utilise le passé composé. Fais attention à l'accord du participe passé.*

1. Les copains sont arrivés à 10 heures. — arriver
2. Marie et Alex sont tombées dans l'escalier. — tomber
3. Marie est allée à l'infirmerie. — aller
4. Alex est rentrée à la maison. — rentrer
5. Léo est resté dans la salle de cours. — rester

Ecouter et regarder

3 Au collège

△ *Ecoute le document, puis mets les photos dans le bon ordre.*

CD 2, 14
57

Tu peux regarder la vidéo sur le DVD.

En forme

4 Ensemble, c'est génial!

Sacha raconte.
Retrouve le texte. Ajoute des verbes.
Il y a plusieurs possibilités.
Utilise le passé composé. Vous pouvez travailler à deux.

1. J'ai eu ______ une bonne idée: faire un exposé sur la dernière coupe du monde de football.

2. Je suis allé ______ au CDI. **3.** Mes copains sont venus ______ aussi.

4. J' ai expliqué ______: «Je vais faire un exposé sur la dernière coupe du monde de foot. On travaille ensemble?» **5.** Mes copains ne sont pas rentrés ______ à la maison, ils sont restés ______ avec moi au CDI. **6.** On a discuté ______ ensemble.

7. J' ai lu ______ des livres, j' ai pris ______ des notes, j' ai posé ______ des questions à Marie, et nous avons cherché ______ sur Internet, mais nous n' avons ______ rien trouvé ______.

8. A 16 heures, Alex est arrivée ______. **9.** Sur Internet, elle a trouvé ______ un site avec des photos géniales. **10.** Enfin, Marie et Alex sont rentrées ______ avec moi à la maison … et avec un exposé super.

Médiation

5 En France

Du bist mit deinen Eltern in Paris. Ihr sucht die Rue Marcel Pagnol und seht das Schild rechts.
Dein Vater sagt beeindruckt:
„Hier gibt es aber viele Schulen, sogar ein Gymnasium."
Du antwortest: „Kleiner Irrtum!
Das Schild weist darauf hin, dass

es hier eine Sporthalle gibt, ______

kein Gymnasium." ______

Parler

6 Quel exercice a gagné?

Regarde encore une fois dans ce cahier les exercices de l'unité 3.
Quel exercice est-ce que tu as aimé le mieux?
(Welche Übung hat dir am besten gefallen?)
Donne un premier, un deuxième et un troisième prix.
Est-ce que tes camarades sont d'accord avec toi?
Discutez.

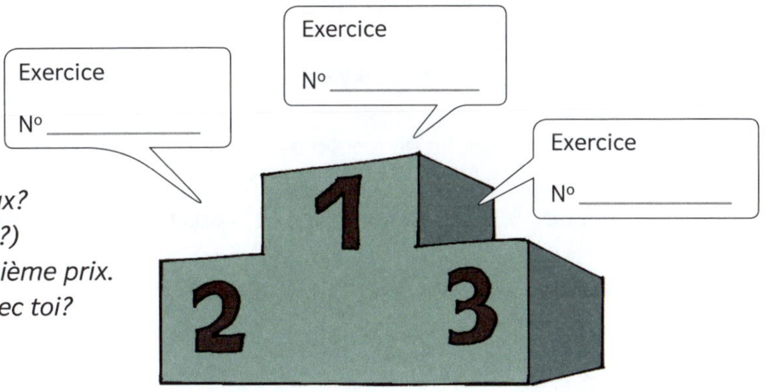

Un peu d'entraînement

→ Lösungen findest du auf S. 97.

Jeu de mots

Üben interaktiv 46fy4e

1 Bon appétit!

A *Fais les mots croisés.*

Horizontalement:

2. Je voudrais une  .
3. On mange? Vous avez … ?
6. Venez à  !
9. A midi, je mange à la … du collège.
10. Prends une  .
11. Ce n'est pas chaud, c'est … !
12. On va au restaurant. Qu'est-ce que vous voulez … ?

Verticalement:

1. Mange une  .
4. Hmm, c'est … !
5. Tu veux … une quiche?
7. Ce n'est pas froid, c'est … !
8. J'ai faim et j'ai … !

B *Die gelb unterlegten Buchstaben ergeben in der richtigen Reihenfolge den „Vornamen" eines beliebten französischen Sirup-Getränks.*

Lösungswort: D I A B O L O M E N T H E

En forme

Üben interaktiv 3a8n4n

2 Vous aimez manger à la cantine?

A *Complète le dialogue.*

1. *Sacha:* Moi, j'aime les____ repas à la____ cantine.
   Je mange toujours avec le____ même copain.
   Mais j'ai un____ autre copain
   qui rentre toujours à la____ maison pour manger.
2. *Julien:* Moi, je trouve que ça fait une____ vraie pause quand on rentre à midi.
   A l'____ école, il y a des____ élèves qui font trop de____ bruit.
   Et souvent, on ne trouve pas de____ place là où on veut.
   Et puis, moi, j'adore les____ bons repas de maman!

B *Et toi, tu aimes manger à la cantine? Pourquoi (pas)? Ecris quelques phrases dans ton cahier.*

… prêts,

… partez!

Unité 4
Fou de cuisine!

Atelier A

Jeu de mots

1 Les courses des Pirou (G 13) (nach SB S. 58, Nr. 1)

→ En plus S. 49, Nr. 1A, B △

Üben interaktiv wj9mq5

Qu'est-ce que les Pirou ont acheté aujourd'hui?
Complète le texte. Utilise ***des, du, de l', de la****.*

1. Comme fruits, ils ont acheté des bananes, des oranges et des citrons.
2. Comme boissons, ils ont acheté du lait, du jus d'orange et de l'eau minérale.
3. Comme légumes, ils ont pris des pommes de terre et des tomates.
4. Et puis, ils ont acheté des œufs, de la farine et de l'huile d'olive.

En forme

2 A propos du texte (G 14) (nach SB S. 59, Abschnitt 1)

Relis la partie 1 du texte page 59 dans ton livre, puis complète les phrases.
Utilise ***il faut / il ne faut pas*** *ou* ***il faut faire / il ne faut pas faire****.*

1. Léo parle à son père: Ecoute, papa, il ne faut pas attendre. — ~~attendre~~
2. Il faut faire les courses maintenant. — faire les courses
3. Pour la salade, il faut des olives. — des olives
4. Il faut aussi un citron. — aussi un citron
5. Pour la salade, il ne faut pas de citron. — ~~citron~~
6. Si, c'est pour le rince-doigts. Il ne faut pas oublier le citron ______ pour le rince-doigts. *M. Pirou:* Tu penses à tout, Léo! — ~~oublier le citron~~

Lire et écrire

Üben interaktiv 6v4du4

3 Devinette (Rätsel) (G 16) (nach SB S. 60, Nr. 4)

→ En plus S. 49, Nr. 1C △

A *Trouve l'image qui correspond à la définition. Ecris le bon numéro dans la case.*

3

5

6

1. Il **en** faut un pour écrire.
2. On **en** met plusieurs sur le gâteau d'anniversaire.
3. Les professeurs **en** donnent aux élèves.
4. Il y a beaucoup de gens qui **en** boivent pendant les repas.
5. Quand on n'**en** a pas, on ne peut rien acheter.
6. Il y **en** a beaucoup dans une école.
7. Une journée **en** a vingt-quatre.

2

4

7

1

B *Ecris deux autres devinettes dans ton cahier. Utilise* ***en****. Pose tes devinettes à un partenaire.*

En forme

Üben interaktiv 6mt5qu

4 Interviews (G 13, 15, 16) (nach SB S. 60, Nr. 5)

Les élèves font des interviews.

A *Quelle question va avec quelle réponse? Dessine des flèches.*

B *Complète les questions et les réponses.*

des	de l'
de	d'
	en

Bonjour, monsieur, vous buvez combien de cafés par jour?

Bonjour, madame, vous avez là des bouteilles d' eau minérale. Vous buvez souvent de l' eau?

Bonjour, madame, vous avez des fruits dans votre sac?

Ah oui, j' en bois deux litres par jour.

Oui, j'ai acheté deux kilos de pommes et trois kilos d' oranges. Moi, je ne mange pas de fruits, mais ma fille en mange beaucoup.

J' en bois trop. 10 tasses de café par jour, je trouve que c'est trop.

Ecouter et écrire

CD 2, 27–29 70–72

Üben interaktiv m2a7tm

5 Des listes d'achats (Einkaufslisten) (G 13, 15, 16) (nach SB S. 61, Nr. 6)

A *Lis les listes d'achats, puis écoute les scènes. Qui fait quelles courses? Dessine des flèches entre la photo et la bonne liste.*

du pain
(2 baguettes)
2 litres de lait
5–6 bananes
2 kilos de pommes de terre
une salade

3 litres de lait
du chocolat
12 œufs
1 kilo de farine

8 bananes
1 kilo de pommes
250 grammes d'olives
1 kilo d'oranges
une salade

B *Complète le texte.*

1. Marie quitte l' appartement pour faire les courses au marché.
2. *Marie:* Bonjour, monsieur. Je voudrais des pommes, s'il vous plaît, et des oranges: euh, un kilo d' oranges et deux kilos de pommes.
3. *Vendeur:* Tu as de la chance. Voilà les dernières oranges. Et avec ça?
4. *Marie:* Des bananes, s'il vous plaît.
5. *Vendeur:* Tu prends combien de bananes?
6. *Marie:* J' en prends huit.
7. Le vendeur met les pommes, les oranges et dix bananes dans un sac.
8. *Vendeur:* Voilà le sac, mademoiselle. Et avec ça?
   Marie: C'est tout, merci. Ça fait combien?
9. Marie paie et rentre à la maison.

la | les | un | de la | l' | de | d' | en | le | des

C *Marie n'a pas fait attention. Et le vendeur a fait des fautes aussi. Regarde la liste d'achats de Marie (→ partie A) et trouve les fautes.*

1. Marie a acheté deux kilos de pommes.
2. Le vendeur donne dix bananes à Marie.
3. Marie a oublié d'acheter la salade et les olives.

Atelier B

Jeu de mots

6 Sur la table (nach SB S. 62, Nr. 1)

Üben interaktiv 2sc993

A *Sept objets de l'image (*) sont dans ce tableau.*

P	A	C	I	R	E	S	T	S	O	I
A	C	E	C	U	I	L	L	E	R	E
I	A	M	C	D	M	L	A	R	I	N
N	I	A	E	A	U	M	R	V	W	C
E	V	O	I	L	E	N	A	I	A	D
C	A	S	S	I	E	T	T	E	N	X
L	V	O	I	L	E	I	X	T	E	T
E	F	O	U	R	C	H	E	T	T	E
C	O	M	L	I	R	E	L	E	I	A
A	L	V	E	R	R	E	A	E	O	Z

CHARADE

Mon premier est la première partie du mot français pour «e-mail».
Mon deuxième est le contraire de «tard».
Mon tout est aussi sur la table.

Solution: c o u t e a u

B *Fais une première phrase avec les mots qui riment avec [ɛʀ] et une deuxième phrase avec les mots qui riment avec [ɛt]. Ecris les phrases dans ton cahier.*

Parler

7 A table (nach SB S. 64, Nr. 6)

→ En plus S. 49, Nr. 2 △

Üben interaktiv n7d6yy

In der Familie deiner Austauschpartnerin / deines Austauschpartners (ta correspondante / ton correspondant) isst du zu Abend. Einigt euch, wer welche Rolle übernimmt. Knicke das Blatt an der gestrichelten Linie. Mit den eckigen Klammern könnt ihr euch kontrollieren. Wechselt danach die Rollen. Jouez la scène.

STRATEGIE

Es geht nicht um das wörtliche Übersetzen!

Toi	Ta correspondante / Ton correspondant
1. [Tu veux encore des frites? / Tu veux encore prendre des frites?]	**1.** Du siehst, dass sie / er keine Pommes frites mehr auf dem Teller hat, und fragst, ob sie / er noch welche möchte.
2. Du möchtest noch welche und sagst, dass sie gut schmecken.	**2.** [Oui, je veux bien. Elles sont bonnes.]
3. [Tu me passes le pain, s'il te plaît?]	**3.** Sie / Er sitzt dichter am Brot als du. Du bittest sie / ihn, es dir zu reichen.
4. Das machst du und fragst, ob sie / er dir das Wasser herüberreichen kann.	**4.** [Oui, voilà. Tu peux me passer l'eau, s'il te plaît?]
5. [Tu veux un peu de fromage?]	**5.** Etwas später fragst du, ob sie / er ein bisschen Käse haben möchte.
6. Du lehnst dankend ab, weil du nie Käse isst.	**6.** [Non, merci. Je ne mange jamais de fromage.]
7. [Comme dessert, tu veux du gâteau ou des fruits?]	**7.** Du fragst, ob sie / er zum Nachtisch Kuchen oder Obst haben möchte.
8. Du hast zwar keinen Hunger mehr, nimmst aber gern Kuchen, weil du ihn sehr magst.	**8.** [Je veux bien! Je n'ai plus faim, mais je prends du gâteau parce que j'adore ça.]

En forme

Üben interaktiv k7z6m7

8 Tu connais ces verbes? (vor SB S. 64, Nr. 7)

Complète le tableau.

acheter	préférer	espérer	payer	boire
j'achète	tu préfères	il espère	elle paie	on boit
nous achetons	vous préférez	nous espérons	vous payez	nous buvons
ils achètent	elles préfèrent	ils espèrent	elles paient	ils boivent
j'ai acheté	j'ai préféré	j'ai espéré	j'ai payé	j'ai bu

Stratégie Médiation

Üben interaktiv h652zf

9 En allemand (nach SB S. 65, Nr. 8)

→ En plus S. 50, Nr. 5 △

A *Du bist mit einem Freund, der kein Französisch kann, zu Tisch in Frankreich. Du möchtest ihm übersetzen, was die französischen Gastgeber sagen. Manche Wörter verstehst du nicht. Die Franzosen erklären es dir. Wenn du die Erklärung verstanden hast, schreibe das deutsche Wort auf.*

1. – Ces fruits sont difficiles à éplucher.
– «Eplucher», qu'est-ce que ça veut dire?
– Regarde. On fait ça avec une orange. [d]

2. – Tu aimes les glaces à la vanille?
– Qu'est-ce que c'est, «glace»?
– C'est un dessert, très froid. [b]

3. – Tu trouves cette orange acide?
– Je ne comprends pas «acide».
– C'est le contraire de «très sucré». [c]

4. – Tu me passes le sel, s'il te plaît?
– Le «sel»?
– C'est comme du sucre, mais ce n'est pas du sucre. [a]

Ah ja, „éplucher" bedeutet schälen.

Dann bedeutet „glace à la vanille" sicher „Vanilleeis".

Ich verstehe, „acide" heißt sauer.

Klar, „sel" ist Salz.

B *Welche Strategien wenden die Gastgeber an? Ecris les lettres dans les bonnes cases.*
Vergleich = ***a****; Oberbegriff =* ***b****; Gegenteil =* ***c****; Erklären mit Zeigen =* ***d****.*

Jeu de sons

CD 2, 30
73

Üben interaktiv ei62j8

10 [ɥi] ou [i]? (vor SB S. 65, Nr. 10)

A *Ecoute les phrases.*
Puis colorie les [ɥi] (comme dans «oui») en jaune et les [i] (comme dans «ici») en vert.

Qui fait du bruit dans la cuisine avec sa guitare aujourd'hui?

Depuis minuit, il cherche une cuillère d'huile pour faire une quiche.

△ **B** *Lis la première phrase à haute voix (... laut), puis ferme ton cahier et écris cette phrase sur une feuille. Ouvre ton cahier pour vérifier. Fais la même chose avec la deuxième phrase.*

Pratique: tâches

Stratégie

11 La méthode «set de table» (zu SB S. 67, Nr. 2B)

Hier findet ihr eine prima Methode, die Aufgabe 2B auf Seite 67 eures Buches durchzunehmen. Die Aufgabe lautet „Faites des groupes de quatre et trouvez un menu que tout le monde aime. Présentez ce menu devant la classe."

STRATEGIE

On fait un REP.
Manchmal ist es bei Gruppenarbeit schwierig, sich auf ein Ergebnis zu einigen, weil es ganz viele Ideen gibt. Da kann es helfen, wenn man in drei Schritten vorgeht:

1. Schritt	**Réfléchir** (Nachdenken)	Erst **allein nachdenken** und seine Ideen **aufschreiben**
2. Schritt	**Echanger** (Austauschen)	Sich mit einem **Partner** oder in der **Gruppe austauschen**
3. Schritt	**Partager** (Teilen) / **Présenter** (Präsentieren)	Sich auf ein **Gruppenergebnis** einigen, es **aufschreiben** und **präsentieren**

Gruppenergebnis sind **die Ideen**, die am häufigsten vorkommen oder die den meisten Gruppenmitgliedern gefallen.

*Damit die Ideen übersichtlich verglichen werden können, hilft ein **„set de table"** (das heißt auf Deutsch: Platzdeckchen). So kann es aussehen:*

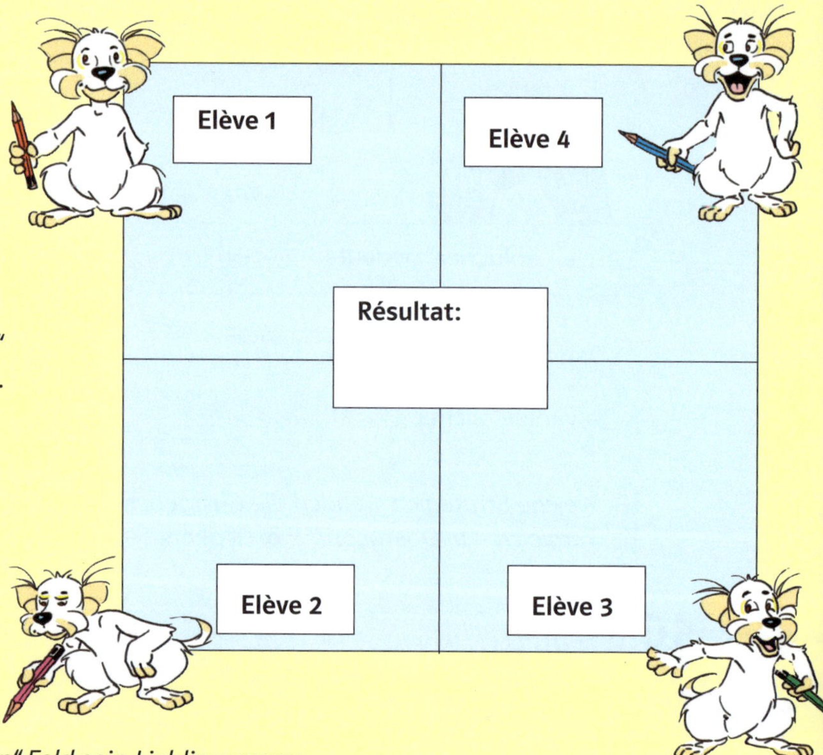

Ihr könnt euch selbst ein „Platzdeckchen" (möglichst im Format DIN-A3) anfertigen.

Und so funktioniert es:
1. *Jedes Gruppenmitglied schreibt in „sein" Feld sein Lieblingsessen.*
2. *Ihr tauscht euch über die vorgeschlagenen Lieblingsessen aus.*
3. *Ihr einigt euch auf das Lieblingsessen der Gruppe und schreibt es in das mittlere Feld.*

Zum Abschluss könnt ihr das Lieblingsessen der Gruppe in der Klasse vorstellen.

Et maintenant, faites en groupe l'exercice 2B de votre livre (page 67).

Ecrire

12 Mes repas en Allemagne (nach SB S. 67)

→ En plus S. 49, Nr. 2 △; S. 50, Nr. 3 △

Üben interaktiv im55zi

Décris une journée typique à ta / ton corres[1]. Parle de tes repas.
Qu'est-ce que tu manges, et où? Qu'est-ce que tu bois?
Les mots des images peuvent t'aider. Regarde aussi dans ton livre (pages 66 et 67).

le pain de mie

une tartine de confiture

un petit pain au jambon

une soupe

un concombre

le poivron, vert, rouge, jaune

Au petit-déjeuner, je suis ______

Je mange ______

______

______

______

Et je bois ______

A midi, je suis ______

Là, je mange ______

______

______

______

______

Souvent, je bois ______

Le soir, je suis ______

Il y a ______

______

______

______

Comme boisson, je prends ______

PORTFOLIO

Tu peux aussi écrire ton texte sur une feuille, ajouter des dessins et mettre la feuille dans ton portfolio.

Vis-à-vis

In Frankreich wird in der Regel mittags **und** abends warm gegessen. Brot gibt es nur als Baguette dazu. Manche Franzosen finden das deutsche Abend**brot** aber sehr praktisch, weil man es nicht so lange in der Küche zubereiten muss. Trotzdem möchten die meisten Franzosen aber nicht jeden Abend kalt essen.

1 **un / une corres:** Kurzform für *un correspondant / une correspondante* (Austauschpartner / in)

Lösungen findest du auf S. 97.

Bilan

1 Vis-à-vis (nach SB S. 68, Nr. 2)

→ En plus S. 49, Nr. 2 △; S. 50, Nr. 5 △

Ich kenne mich schon aus, wenn es um das **Einkaufen** und **Essen** in Frankreich geht.

1. Tu fais les courses au marché. Tu veux savoir combien il faut payer. Qu'est-ce que tu demandes?

Üben interaktiv v7i5e4

☐ C'est tout? ☒ Ça fait combien? ☐ Et avec ça?

2. Tu vas dans une boulangerie où tu veux acheter ce pain.  Qu'est-ce que tu dis?

Une baguette, s'il vous plaît.

3. En France, ton corres veux manger un steak-frites et boire de l'eau. Sur la table, il a mis une assiette, un verre et un couteau. Qu'est-ce qu'il a oublié de mettre? Il a oublié la fourchette.

4. Mets les parties d'un menu français dans le bon ordre. Ecris les chiffres 1 à 4 devant les plats.

3 Fromage 1 Entrée 4 Dessert 2 Plat principal

5. Tu es à table en France. On demande: «Tu reprends de l'eau?» Qu'est-ce que tu réponds?

☐ C'est mon plat préféré! ☐ Je n'ai plus faim. ☒ Je veux bien, merci.

2 En forme (nach SB S. 69, Nr. 4)

→ En plus S. 49, Nr. 1 △; S. 50, Nr. 4 △

A Ich kann die Teilungsartikel ***du, de l', de la*** und den unbestimmten Artikel Plural ***des*** verwenden.

Üben interaktiv kn5xr9

Léo achète des tomates, de l' huile d'olive, du sucre et de la farine.

B Ich kann den Ausdruck ***il faut*** verwenden.

~~eau~~ / limonade: 1. Pour faire un diabolo menthe, il ne faut pas d'eau, mais il faut de la limonade.

mettre du sirop de menthe / ~~mettre de l'alcool~~: 2. Puis il faut mettre du sirop de menthe dans le verre. Mais il ne faut pas mettre d'alcool.

C Ich kann **Mengenangaben** verwenden.

Pour faire des gaufres, il faut 80 g de beurre, 250 g de farine, 1/2 litre de lait, un peu de sel, 50 g de sucre en poudre et 3 œufs.

Pour 4 personnes
beurre (80 g)
farine (250 g)
lait (1/2 litre)
sel (un peu)
sucre en poudre (50 g)
œufs (3)

En plus: différenciation

En forme

1 L'anniversaire de M. Pirou

△ **A** *Mets ici les articles définis* ***le, la, l', les.***
Fais attention au singulier et au pluriel.

M. Pirou aime

1. le saucisson, 2. la viande,
3. l' eau minérale, 4. les gaufres,
5. le chocolat et … les cadeaux, bien sûr.

B *Mets ici les articles* ***du, de la, de l', des.***

Alors, pour l'anniversaire de M. Pirou,
Mme Pirou achète

1. du saucisson, 2. de la viande,
3. de l' eau minérale, 4. des gaufres,
5. du chocolat et … des cadeaux, bien sûr.

C *Regarde la phrase. Il manque un mot. (Es fehlt ein Wort.) Ajoute ce mot au bon endroit.*

Mme Pirou achète de l'eau minérale? – Oui, elle en achète ______ 12 ______ bouteilles.

Parler et écrire

2 J'ai faim.

△ *Que disent les gens?*
Complète les phrases.

2. passer – le pain?

3. être – très – bon

4. gâteau? – fruits?

5. Non – ~~faim~~

6. boire – tasse – café?

Ecrire

3 Dis-moi dix mots.

🇫🇷 **Vis-à-vis**

Der Sprachwettbewerb „Dis-moi dix mots" findet jährlich in allen französischsprachigen Ländern statt. Jeder kann an diesem Wettbewerb teilnehmen. Dabei schreibt man eine Geschichte mit zehn vorgegebenen Wörtern.
Das kannst du auch schon!

Raconte une histoire et utilise ces 10 mots:

bon · chocolat · copains · gâteau · huile d'olive · manger · inviter · préparer · salade · saucisson

PORTFOLIO ▶ *Tu peux mettre ton histoire dans ton portfolio.*

Ecouter et regarder

4 On fait des crêpes.

Ecoute et regarde le texte et les images. Trouve les mots.

CD 2, 31
74

1. Pour faire des crêpes, il faut

de la farine, du lait, un peu de sel, du sucre et des œufs.

Et puis un peu d'arôme de vanille.

2. – «Une louche», qu'est-ce que ça veut dire?
– Regardez, c'est comme une grande cuillère.
– Ah ja, «louche» bedeutet

Schöpfkelle.

3. N'oubliez pas de laisser reposer la pâte avant de la cuire.

Vous voulez faire des crêpes en classe? Regardez la vidéo sur le DVD et cherchez une recette sur Internet.

Médiation

5 Un baiser?

*Ta corres française est chez toi. Vous voulez faire un dessert pour ta famille. Vous trouvez une recette qui s'appelle „Himbeerdessert mit Baiser". Ta corres rigole. Elle dit: «En français, un **baiser**, c'est un autre mot pour une **bise**.» Maintenant, c'est toi qui rigoles. Tu expliques:*

En allemand, un «baiser», c'est comme un gâteau.

RTFOLIO

Das kann ich schon! (nach Unités 3 – 4)

Üben interaktiv yr37vv

Selbsteinschätzung: *Hier kannst du feststellen, wie fit du bist. Kreuze an, wie deine Ampel steht (linke Ampel). Wenn du unsicher bist, wiederhole die Übungen, die in der rechten Spalte angegeben sind. Zu dieser Seite findest du weitere Testaufgaben in der Übungssoftware.*

Partnereinschätzung: *Ihr könnt euch auch gegenseitig einschätzen (rechte Ampel).*

Selbsteinschätzung am: ______________ *Datum* Partnereinschätzung am: ______________ *Datum*

Parler / Ecouter / Ecrire / Lire / Médiation

Sich auf Französisch verständigen	Selbst	Übungen	Partner
Ich kann Vorschläge machen und auf sie reagieren (z. B. zustimmen oder ablehnen).	● ● ●	SB S. 53, Nr. 1 CdA S. 37, Nr. 1	● ● ●
Ich kann verstehen, wenn mir ein französischer Schüler seinen Tagesablauf schildert, und ich kann meinen eigenen Tagesablauf beschreiben.	● ● ●	CdA S. 36, Nr. 13	● ● ●
Ich kann eine kleine Geschichte erfinden, die sich in der Vergangenheit abgespielt hat, und sie erzählen.	● ● ●	SB S. 50, Nr. 9	● ● ●
Ich kann ein Einkaufsgespräch verstehen und führen.	● ● ●	SB S. 60, Nr. 4, 5 CdA S. 43, Nr. 5	● ● ●
Ich kann meine Wünsche bei Tisch ausdrücken (z. B. sagen, was ich mag oder nicht mag, um etwas bitten oder etwas ablehnen). Ich kann auf die Wünsche anderer reagieren (z. B. etwas reichen).	● ● ●	SB S. 64, Nr. 6 CdA S. 44, Nr. 7	● ● ●
Ich kann mein Lieblingsessen beschreiben.	● ● ●	SB S. 67, Nr. 2	● ● ●
Ich kann schon eine einfache Erzählung eines französischen Autors im Original lesen und verstehen.	● ● ●	CdA S. 35, Nr. 11	● ● ●
Médiation: Bei einem Gespräch über die Schule kann ich als Dolmetscher helfen.	● ● ●	CdA S. 34, Nr. 10	● ● ●
Médiation: Ich kann ein französisches Originaldokument (z. B. ein „bulletin scolaire") auf Deutsch erläutern.	● ● ●	SB S. 50, Nr. 10	● ● ●

Vis-à-vis

Hier und dort			
Ich kenne einige Besonderheiten des französischen Schulalltags und kann sie mit meinem Schulalltag vergleichen.	● ● ●	SB S. 52, Nr. 1 CdA S. 36, Nr. 12	● ● ●
Ich kenne einige Besonderheiten des Essens in Frankreich und kann sie mit meinen Essgewohnheiten vergleichen.	● ● ●	SB S. 63, Nr. 4 CdA S. 47, Nr. 12	● ● ●

Stratégie

Gewusst, wie ...			
Ich kann einen Text in Sinnabschnitte unterteilen.	● ● ●	CdA S. 35, Nr. 11	● ● ●
Ich kenne einige Techniken, um ein Wort zu umschreiben, wenn ich nicht weiß, wie es auf Französisch heißt.	● ● ●	SB S. 65, Nr. 8 CdA S. 45, Nr. 9	● ● ●

Wo hast du die grüne Ampel angekreuzt?
Übertrage diese Einträge auf das Poster am Ende des „Cahier".

Révisions (nach Unités 3 – 4)

Les mots et les lettres

1 Trouve les fautes.

Üben interaktiv z9xh3s

Jérôme, le petit frère d'Alex, a écrit ce texte dans son cahier. Quelles fautes est-ce que sa professeure va corriger? Souligne et corrige ces fautes. (Il y en a une sur chaque ligne.)

e

Ma sœur et moi, nous mangons à la cantine du collège.
Nous paions 5 euros pour un repas. C'est bien!
J'ai des copains qui préférent rentrer manger à la maison
ou qui achetent quelque chose à un stand.
Le dimanche, à midi, nous mangons ensemble, maman, papa, Alex et moi.
Souvent, mes parents appelent grand-mère pour manger avec nous.
Mon père répete chaque fois: «Ah, un repas en famille, c'est super!»
C'est vrai, mais j'espère toujours que nous ne commencons pas à parler de mes notes.

Jeu de mots

2 L'allemand et le français

Ecris en français. Attention aux ***articles*** *(quand il y en a)!*

Üben interaktiv ie3g49

1. Auf dem Markt gibt es Käse, Obst und viel Gemüse.

Au marché, il y a du fromage, des fruits et beaucoup de légumes.

2. Clara kauft eine Flasche Mineralwasser, Mehl, Eier und Zucker.

Clara achète une bouteille d'eau minérale, de la farine, des œufs et du sucre.

3. Clara liebt Crêpes.

Clara aime / adore les crêpes.

4. Julien kauft Brot und einen Kuchen.

Julien achète du pain et un gâteau.

5. Jetzt haben wir Hunger und Durst.

Maintenant, nous avons faim et soif.

On prépare le DELF (nach Unités 1 – 4)

DELF-Prüfung

Das weißt du schon: Mit dem DELF-Zeugnis hast du einen Trumpf in der Hand! Mit den folgenden Übungen kannst du für die Prüfung trainieren. (Die Aufgaben entsprechen schon fast dem Niveau einer echten Prüfung DELF A1, version scolaire).
Zum Ablauf: *Für das Hörverstehen hast du ungefähr 20 Minuten Zeit; starte die Tonaufnahme, alle Pausen sind berücksichtigt. Für das Leseverstehen und das Schreiben stehen dir jeweils 30 Minuten zur Verfügung. Der 4. Prüfungsteil, Sprechen, dauert 5–7 Minuten, plus 10 Minuten Vorbereitung.*
Hinweis: *Lass dich bei den Aufgaben nicht dadurch verwirren, dass du einige Wörter nicht kennst. Auch bei der „echten" DELF-Prüfung tauchen unbekannte Wörter auf, die du aber durch den Zusammenhang meistens verstehen kannst.*
Zu den einzelnen Aufgaben und zur abschließenden Punktevergabe findest du ab S. 98 weitere Informationen.

1 Compréhension de l'oral

Teil 1	
points	tes points
25	

Pour répondre aux questions, cochez la bonne réponse ou écrivez l'information demandée.

CD 2, 33 / 76

Exercice 1 *Vous allez entendre 2 fois un document. Il y aura 30 secondes de pause entre les écoutes. Puis vous aurez 30 secondes pour vérifier vos réponses. Lisez les phrases.*

				points	tes points
				4	
1. Julien téléphone à	[X] Marc.	[ ] Mehdi.	[ ] Laurie.	1	
2. Il va au cinéma avec	[ ] son père.	[ ] Marc.	[X] ses copains.	1	
3. Il faut travailler pour	[X] un exposé.	[ ] un contrôle.	[ ] le journal du collège.	1	
4. Rendez-vous à	[ ] 	[X] 	[ ] 	1	

CD 2, 34 / 77

Exercice 2 *Vous allez entendre 2 fois un document. Il y aura 30 secondes de pause entre les écoutes. Puis vous aurez 30 secondes pour vérifier vos réponses. Lisez les phrases.*

Vous entendez cette annonce dans un grand magasin. Ecrivez l'information demandée.

				points	tes points
				5	
1. Le magasin prépare une fête pour le 12 février.				1	
2. Les vêtements à 22 €, ce sont des anoraks.				2	
3. Les casquettes coûtent 3 €.				1	
4. Pour trouver l'autre magasin, on va au	[X] 24 rue de la Gare.	[ ] 41 rue de la Gare.	[ ] 80 rue de la Gare.	1	

CD 2, 35
78

Exercice 3 *Vous allez entendre 2 fois un document. Il y aura 30 secondes de pause entre les écoutes. Puis vous aurez 30 secondes pour vérifier vos réponses. Lisez les phrases.*
Vous entendez cette publicité à la radio. Ecrivez l'information demandée.

points	tes points
6	
2	
2	
2	

1. Dans cette publicité, on parle aux ☐ parents. ☒ élèves. ☐ professeurs.
2. On cherche des personnes pour un film ______.
3. On peut téléphoner au 01 24 86 62 95.

CD 2, 36
79

Exercice 4 *Vous allez entendre plusieurs petits dialogues correspondant à des situations différentes. Il y aura 15 secondes de pause après chaque dialogue. Puis vous allez entendre les dialogues une deuxième fois. Regardez d'abord les images.*
Ecrivez le numéro du dialogue sous la bonne image. Attention: il y a une image de trop (5 dialogues, 6 situations). Il y a 2 points par bonne réponse.

points	tes points
10	

Situation A

Dialogue n° 5

Situation B

Dialogue n° 3

Situation C

Dialogue n° ______

Situation D

Dialogue n° 1

Situation E

Dialogue n° 4

Situation F

Dialogue n° 2

2 Compréhension des écrits

Teil 2	
points	tes points
25	

Pour répondre aux questions, cochez la bonne réponse ou écrivez l'information demandée.

Exercice 1 *Le journaliste en chef du journal de votre collège a mis cette annonce sur le site de votre collège:*

points	tes points
6	

ACTUALITÉS:

Voilà le N° 19

La prochaine édition du «Forum du Collège» va arriver le jeudi 24 mars. Vous allez trouver une grande documentation sur l'écologie, une interview avec nos nouveaux professeurs, le reportage de Florian «Le Tour d'Allemagne», nos pages «Livres et musique», «Mots croisés et Sudoku» et «Courrier du collège». *(Damien, Journaliste en chef)*

Prix du journal: **0, 50 €**

+++ Les journalistes travaillent le mercredi de 15 h à 16 h au CDI.

Ecrivez l'information demandée.

points	tes points
1	
1	
2	
2	
6	

1. Le nouveau «Forum du Collège», c'est le numéro 19 .
2. Le prochain numéro du journal va arriver le 24 mars .
3. Dans le journal, il y a un article sur ☐ le football français. ☒ l'écologie. ☐ l'école en Allemagne.
4. Pour écrire le journal, les journalistes vont au CDI .

Exercice 2 *Vous recevez ce message électronique:*

De: Laura

A: Léa

Objet: Invitation

Coucou!
Je suis bien rentrée de mes vacances en Allemagne. Ma famille a été super. Et maintenant, je veux organiser une petite fête pour samedi et je t'invite. Sandrine, Laurent et Alice vont venir aussi.
Je vais préparer une recette allemande. Une surprise! Et on va regarder mes photos et des DVD de Laurent et Sandrine. Tu viens? Je vous attends à 19 h.

Bisous,
Laura

Ecrivez l'information demandée.

points	tes points
1	
1	
2	
2	
6	

1. C'est une invitation pour ☐ un anniversaire. ☒ une fête. ☐ un jeu.
2. Laura a été en Allemagne .
3. Qu'est-ce qu'elle propose de faire? *(Ecrivez deux activités.)*

   – manger – regarder des photos / regarder des DVD
4. Qui va apporter un film? – Laurent – Sandrine

Exercice 3 *Ta sœur (16 ans) cherche un travail pour le week-end. Voici quatre annonces intéressantes:*

Annonce n° 1: Famille cherche baby-sitter pour le samedi après-midi et soir. 2 filles (4 et 6 ans), chats, lapins. Grande terrasse, pas de TV. 5 €/heure. Tél: 06 85 87 90 96

Annonce n° 3: Garçon (12) a des problèmes en maths et allemand. Qui peut aider? 2 x/semaine. Tél: 06 85 21 50 39

Annonce n° 2: J'ai 83 ans et je cherche jeune fille/garçon qui fait mes courses 2 fois par semaine et qui m'aide un peu dans ma maison. 5 €/heure. Tél: 06 85 69 42 77

Annonce n° 4: Jeune famille cherche baby-sitter pour 3 enfants: garçon (7), fille (4), fille (1) pour le samedi soir de 19 à 23 heures. 6 €/heure. 2 dobermans dans notre villa. Tél: 06 85 62 45 51

A quelles annonces est-ce que ta sœur va répondre?

points	tes points
2	
2	
2	

1. Ta sœur est bonne au collège et aime aider les autres élèves. Annonce nº 3
2. Ta sœur aime jouer avec les enfants, mais elle a peur des grands chiens. Annonce nº 1
3. Ta sœur aime aider dans la cuisine. Annonce nº 2

Exercice 4 *Vous êtes en France avec votre famille (tes parents, ton frère, 9 ans, et toi, 13 ans). Vous voyez l'affiche suivante:*

7	

Ecrivez l'information demandée.

1. Qui organise la course? Le comité des fêtes
2. La fête, c'est quel jour et à quelle date? (Le) samedi 6 juin
3. La course commence à 19 heures.
4. Ta mère n'aime pas beaucoup le sport, mais elle veut faire la course avec vous.

   Combien de kilomètres est-ce qu'elle va faire alors? 7 km
5. Combien est-ce que ta famille va payer pour la course? 6 €
6. Après la course, les organisateurs de la fête proposent

   un grand pique-nique.

points	tes points
1	
1	
1	
1	
2	
1	

Teil 3 points	tes points
25	
10	

3 Production écrite

Exercice 1 *Vous êtes à Belfort et vous voulez vous inscrire à un club de judo. (Il y a des cours de vacances pendant les deux premières semaines du mois de juillet.) Pour cela, vous remplissez ce formulaire d'inscription (avec votre adresse à Belfort).*

O soto gari – Club de judo – 11 quai Schwob – 90 000 Belfort

Nom: XXXXXXXXXXXXXXXXXXXXXXXXXXXXXXXXXXXXXXXXXXXXXXXXXXXXXXXXXXXXXXX

Prénom: ______________ **Date de naissance:** ______________ (2)

Adresse: ______________________________ (1)

E-mail: ______________________________ (1)

Numéro de portable: ______________________________ (1)

Inscription pour la période du ______________ **au** ______________ (2)

Taille: ______________ **Poids:** ______________ (2)

Date et signature: ______________________________ (1)

Exercice 2 *Ecrivez un courriel. Vous invitez votre ami français à passer une semaine chez vous. Vous parlez de votre ville, de votre collège, de vos copains et du jour de son arrivée. Vous proposez quelques activités:* (15)

De:

A:

Objet:

____

____

____

____

____

____

____

____

______________________________ Nombre de mots écrits ______

Der 4. Prüfungsteil besteht aus 3 Teilen; für Teil 2 und 3 hast du 10 Minuten Vorbereitungszeit. Im 1. Teil stellst du dich vor und der Prüfer stellt Fragen zu deiner Person. Im 2. Teil stellst du dem Prüfer anhand von Bildern / Wörtern Fragen.
Im 3. Teil findet ein Rollenspiel mit dem Prüfer statt.
Deine Partnerin / Dein Partner spielt den Prüfer und vergibt die Punkte.
Die Beurteilungskriterien dafür findest du auf Seite 99.

Teil 4	
points	tes points
25	

4 Production orale

A *Entretien dirigé (1 minute environ)*
Tu te présentes et tu réponds aux questions de l'examinateur.
Tu parles de toi, ta famille, tes activités, ce que tu aimes / détestes, etc. Exemples:

8	

1. Tu t'appelles comment?
2. Tu as quel âge?
3. Tu habites où? Avec qui?
4. Qu'est-ce que tu aimes / détestes?
5. Qu'est-ce que tu fais le week-end?
6. Qu'est-ce que tu aimes au collège?

B *Echange d'informations (2 minutes environ)*
Tu poses des questions à l'examinateur à partir des 4 images suivantes:

8	

C *Dialogue simulé (ou jeu de rôle) (2 minutes environ)*
Tu es dans un magasin de sport et tu veux acheter deux articles. Tu regardes les 4 photos et tu en prends 2. Tu achètes ces deux articles. Tu paies avec des euros en papier. L'examinateur joue le rôle du vendeur.

9	

100	

Gesamtsumme

Auswertung:

1. Habe ich bei jedem der vier Aufgabenteile wenigstens 5 Punkte erreicht? ☐ Ja ☐ Nein
2. Habe ich insgesamt 50 oder mehr als 50 Punkte? ☐ Ja ☐ Nein

Zweimal „Ja"? Prima! Du hast bestanden.

Un peu d'entraînement

→ Lösungen findest du auf S. 100.

Ecouter et écrire

CD 3, 14 93

Üben interaktiv q8c6q4

1 Ici Radio France: quel temps fait-il?

A *Ecoute le texte et tire des traits entre la ville et les bonnes cases. Puis cherche les villes sur la carte au début de ton livre. Dans quelles régions sont Cherbourg et Arcachon?*

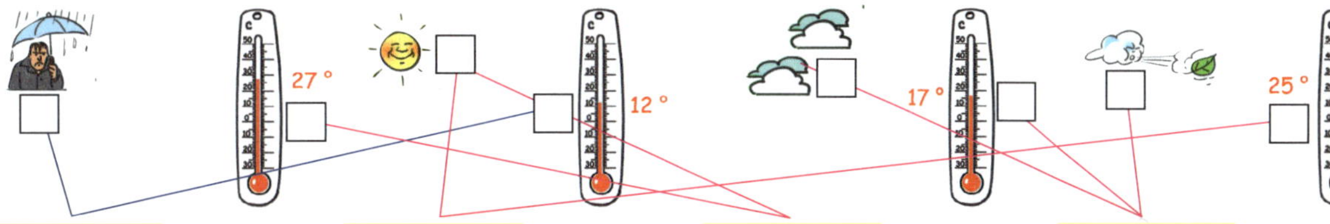

Cherbourg **Marseille** **Nice** **Arcachon**

B *Quel temps fait-il dans ces villes aujourd'hui?*

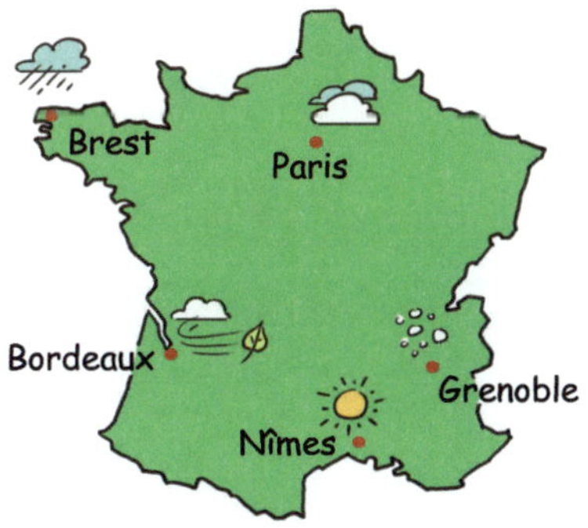

1. A Paris, il fait mauvais.
2. A Grenoble, il neige.
3. A Nîmes, il fait beau.
4. A Bordeaux, il y a du vent.
5. A Brest, il pleut.

En forme

Üben interaktiv 7m3n9m

2 Activités

Regarde les dessins et forme des phrases.
Marque, dans ces phrases, l'objet direct en jaune et l'objet indirect en vert.

1. Julien – aider – sa mère
2. Sacha – écrire – lettre – sa grand-mère
3. Lilou – téléphoner – sa copine
4. Alex et Marie – regarder – télé
5. Carla – présenter – sa sœur – son copain

1. Julien aide sa mère.
2. Sacha écrit une lettre à sa grand-mère.
3. Lilou téléphone à sa copine.
4. Alex et Marie regardent la télé.
5. Carla présente sa sœur à son copain.

... prêts, ... partez!

Unité 5
Une semaine à Arcachon

Atelier A

En forme

1 Ça vous intéresse? (G18) (nach SB S. 75, Nr. 3)

Jeu de mots

2 A propos du texte (nach SB S. 76, Nr. 5)

Regarde les papiers sur l'aire de repos. Est-ce que tu peux trouver les 6 mots du texte de ton livre p. 76? Alors, écris ces mots avec l'article indéfini. Vous pouvez travailler à deux.

une autoroute	un kilomètre
une aire de repos	une voiture
un péage	un bouchon

En forme

3 Après l'arrivée au gîte (G 18) (nach SB S. 76, Nr. 5)

Üben interaktiv e2ej6x

*Mets les pronoms **me, te, nous, vous** à la bonne place.*

uns — 1. – Papa, tu viens? Maman nous ______ montre ______ le gîte.

mir — 2. – Papa, Alex ne ______ veut ______ pas me ______ laisser la grande chambre.

mich — 3. – Maman, Jérôme m' ______ énerve ______ .

mir — Il ______ ne m' ______ écoute ______ pas.

dir — 4. – Ecoute, Jérôme, je ______ vais te ______ montrer ta chambre.

uns — 5. – Papa, tu nous ______ invites ______ au restaurant ce soir?

euch — 6. – Non, aujourd'hui, je ______ ne vous ______ invite ______ pas.

Mais demain, peut-être.

Jeu de mots

4 La maison (nach SB S. 77, Nr. 7)

→ En plus S. 68, Nr. 1 △

Üben interaktiv f928wr

STRATEGIE

Erinnere dich: Die Wörter zu einem Thema kannst du dir gut merken, wenn du sie in Form eines Wortnetzes gruppierst.

fenêtre · salon · entrée · escalier · chambre · bureau · télévision · lit · jardin · table · salle de bains · bureau · couloir · canapé · toilettes

Complète le filet à mots avec les mots à droite.
*Mets **un**, **une** ou **les** (1x) devant les mots.*

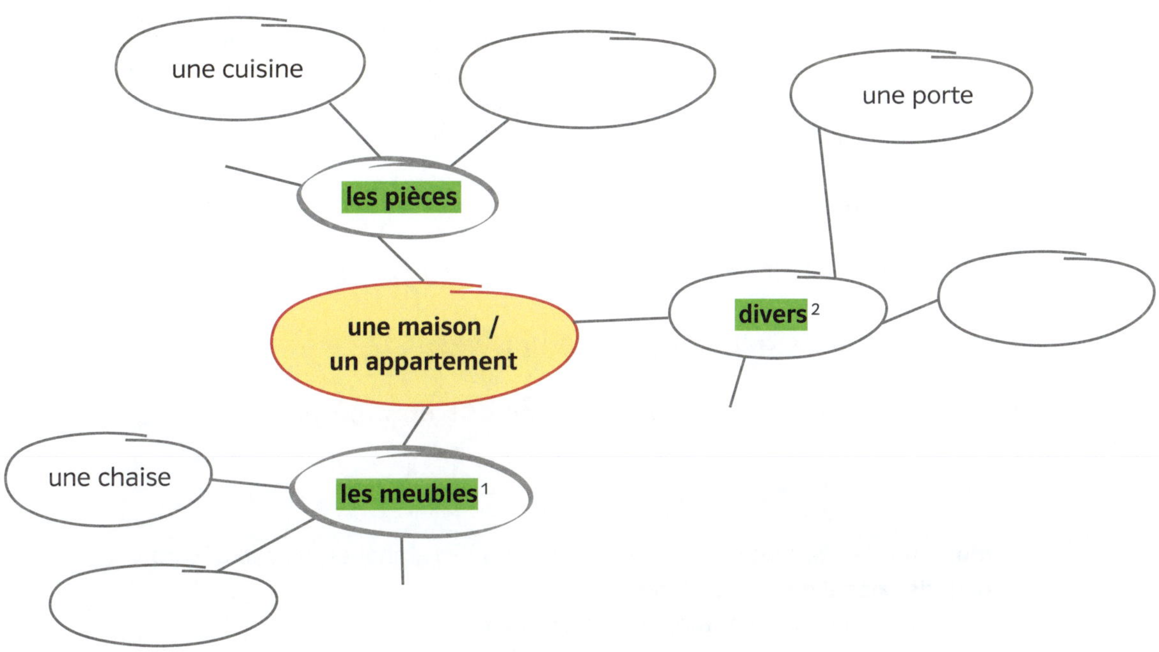

1 **un meuble:** ein Möbel; 2 **divers:** Verschiedenes

En forme

Üben interaktiv p97ve7

5 dire, dire et dire (G 19) (vor SB S. 78, Nr. 10)

*Trouve les formes du verbe **dire** et ajoute les pronoms **j', je, elle, nous, vous, ils**.*

tu	SID dis	ils	ISTNED disent	je	ISD dis
elle	TDI dit	vous	DETIS dites	nous	SSNDOI disons
				j'	IA TID ai dit

Ecrire

Üben interaktiv 55w9eq

6 Alex et Marie (G 20) (nach SB S. 78, Nr. 10)

→ En plus S. 68, Nr. 2 △

A *Alex téléphone à Marie.*

1. Nous sommes bien arrivés.

2. Notre maison est jolie.

3. Il y a cinq pièces.

4. Jérôme est en colère.

Puis Marie raconte à sa mère:

Utilise trouver – expliquer – dire

1. « Alex dit qu'ils sont bien arrivés.
2. Elle trouve que leur maison est jolie.
3. Elle explique qu'il y a cinq pièces.
4. Elle dit que Jérôme est en colère. »

B *Marie pose des questions.*

1. La plage est loin?

2. Est-ce qu'il fait beau?

3. Quand est-ce que tu vas à la plage?

4. Pourquoi est-ce que Jérôme est en colère?

Puis Alex raconte à son père:

Utilise demander – vouloir savoir

1. « Marie demande si la plage est loin.
2. Elle veut savoir s'il fait beau.
3. Elle demande quand je vais à la plage.
4. Elle veut savoir pourquoi Jérôme est en colère. »

CHARADE

Mon premier sont les deux premières lettres de l'alphabet dans le désordre.
Mon deuxième est un demi-gâteau.
Avec **mon tout,** on peut faire un tour sur la mer.

Solution: b a t e a u

Atelier B

Lire et écrire

7 A propos du texte (nach SB S. 79, Nr. 1)

Üben interaktiv ze737y

Lis encore une fois le texte à la page 79 de ton livre.

A *Qu'est-ce qu'Alex sait déjà sur Marc?*

Elle sait déjà

1. que / qu' ______

2. ______

B *Voilà des questions qu'Alex pose à Marc. Imagine ses réponses.*

1. Tu as quel âge? – ______

2. Ton anniversaire, c'est quand? – ______

3. Tu as des frères et sœurs? – Oui, ______ de 10 ans

______

Imagine trois autres questions et les réponses. Ecris dans ton cahier.

C *Fais le portrait de Marc. Ecris un petit texte dans ton cahier (8 à 10 phrases).*

En forme

8 A la plage (G 21) (nach SB S. 81, Nr. 3)

Üben interaktiv vw34fn

Marc pose des questions à Alex.
*Utilise **le, la, l', les** dans les réponses.*

1. – Tu connais déjà la région d'Arcachon?

– Non, je ne la connais pas encore.

2. – Tu veux aussi visiter les autres villes de la région?

– Non, je ne veux pas les visiter. Ça ne m'intéresse pas.

3. – Tu veux apprendre le skimboard? – Oui, je veux l'apprendre.

4. – Où est-ce que tu as acheté ton skimboard? – Je l'ai acheté à Paris.

5. – Tu connais déjà le Café de la Plage? – Non, je ne le connais pas encore.

6. – Quoi? Tu n'as pas encore vu ce café? – Non, je ne l'ai pas encore vu.

– Alors, on y va, si tu veux. Je t'invite.

En forme

9 [Je l'ai rencontrée sur la plage.] (G 21) (nach SB S. 81, Nr. 3)

→ En plus S. 69, Nr. 4 △

A la fin des vacances, Marc écrit une lettre à un copain.
Lies den Text, kreise die richtige Endung ein.
Schreibe dann die Wörter, die durch die Objektpronomen ersetzt werden, in die rechte Spalte.

Pendant les vacances, j'ai rencontré une fille sympa.

Je **l'**ai rencontr**?** sur la plage.	é	**ée**	és	ées	la fille
Je **l'**ai v**?** avec son skimboard.	u	**ue**	us	ues	la fille
Tout à coup, il y a eu des grandes vagues.					
Elle **les** a regard**?**, puis elle a pris	é	ée	és	**ées**	les vagues
son skimboard: elle **l'**a lanc**?** dans l'eau,	**é**	ée	és	ées	son skimboard
mais les vagues **l'**ont emport**?**.	**é**	ée	és	ées	son skimboard
Je suis allé dans l'eau pour chercher son skimboard. Elle m'a dit:					
«Là, tu **m'**as vraiment aid**?**! Merci.»	é	**ée**	és	ées	moi, Alex
Puis son frère Jérôme est arrivé.					
Je **les** ai encore souvent rencontr**?** sur la plage.	é	ée	**és**	ées	Alex et son frère
On a souvent joué au ballon ensemble.					

Vis-à-vis

10 Les prochaines vacances, c'est quand? (nach SB S. 81, Nr. 4)

Üben interaktiv 9bn8dx

Vis-à-vis
Außer den „Vacances d'hiver" und den „Vacances de printemps" beginnen und enden die Ferien in Frankreich überall gleichzeitig.

Voilà les vacances des élèves français dans une année: (Es handelt sich um ein Beispieljahr.)

décembre	janvier	février	mars	avril	mai
17 → → → → Vacances de Noël	→ 3	25 → → → → Vacances d'hiver	→ 12	21 → → → → Vacances de printemps	→ 7

juin	juillet	août	septembre	octobre	novembre
	5 → → → → Vacances d'été	→ → → → →	→ 4	27 → → → → Vacances de la Toussaint	→ 10

A *Ecris un petit texte sur les vacances des élèves français.*

△ **B** *Compare les vacances en France avec tes vacances.*

Voilà quelques mots pour t'aider:

à Noël: an Weihnachten
à Pâques: an Ostern
à la Pentecôte: an Pfingsten
à la Toussaint: an Allerheiligen

Vis-à-vis
Im Deutschen sagt man für „2 Wochen" auch „14 Tage", im Französischen aber „15 jours".

Pratique: tâches

Médiation

11 Fais l'interprète. (nach SB S. 83, Aufgabe A)

→ En plus S. 69, Nr. 5 △

Üben interaktiv 5zv5kj

Du besuchst mit deinen Eltern die Ruhrmetropole Essen. Ihr seid im Fremdenverkehrsamt. Dort will sich eine französische Familie nach den Erholungsmöglichkeiten erkundigen. Aber die Dame im Verkehrsbüro kann kein Französisch und in der französischen Familie spricht niemand deutsch. Du bietest dich an zu dolmetschen.
Arbeitet zu dritt. Nur der Dolmetscher arbeitet ohne Heft. Wechselt nach einem Durchgang die Rollen.

Die Dame im Verkehrsamt

1. Was kann ich für Sie tun?
3. Natürlich. Dort kann man viele interessante Dinge machen.
5. Das ist leider nicht möglich. Aber man kann eine Bootstour mit den weißen Schiffen machen.
7. Man kann am Ufer Fahrrad fahren. Das ist toll bei schönem Wetter!
9. Sie können in den Beach-Club gehen. Dort gibt es sogar einen weißen Sandstrand.
11. Jede Stunde. Abfahrt z. B. neben dem Beach-Club um 11 Uhr 20.

STRATEGIE

Erinnere dich: Beim Dolmetschen musst du nicht wörtlich übersetzen!

La mère de la famille française

2. Il y a un lac ici: le «Baldeneysee». C'est intéressant pour les enfants?
4. Est-ce qu'on peut nager?
6. Bonne idée. Mais nos enfants veulent faire du sport.
8. Oui, on va peut-être faire du vélo. On peut encore faire autre chose?
10. Ça, c'est bien. Encore une question. A quelle heure sont les départs des bateaux pour le tour?
12. Merci beaucoup, madame.

Ecouter

12 Défense d'entrer! (Zutritt verboten!) (nach SB S. 84)

A *Avant l'écoute:*

1. *Décris l'image (2 ou 3 phrases). Ecris dans ton cahier.*
2. *Lis le titre: «Défense d'entrer!» Qu'est-ce qui va se passer? (Was wird geschehen?)*
   Ecris 4 ou 5 phrases dans ton cahier.
3. *Voilà des informations sur l'histoire:*

Ce sont les vacances d'été. Emma va dans le Languedoc-Roussillon, à Nîmes, pour voir ses cousines Amélie, 13 ans et Linda, 7 ans. Elles ont un petit chien, Nouba. Emma est venue avec ses amis Malika, Thomas, Victor et Christian. Aujourd'hui, ils font un pique-nique à côté du Pont du Gard[1]. Nouba joue avec un ballon, et tout à coup …

CD 3, 15 / 94

Maintenant, écoute le texte. Quelques mots pour t'aider: **une propriété privée:** ein Privatgrundstück; **un droit:** ein Recht; **tous:** alle; **un trou:** ein Loch; **pleurer:** weinen

1 le Pont du Gard: unter den Römern erbaute Brücke, diente als Wasserkanal (Foto S. 67)

B *Après l'écoute:*

1. *Quel est le problème des amis? Coche la bonne case.*

Ils ne savent pas ☐ qui habite dans la propriété privée. ☐ pourquoi Amélie pleure. ☒ où est Nouba.

2. Pourquoi est-ce que les amis font deux groupes? Pour chercher Nouba.

Lire

13 Défense d'entrer! (Suite – Fortsetzung) *Lis la suite de l'histoire.*

Linda: Notre Nouba, il est où, maintenant?
Elle va regarder encore une fois dans le trou. Alors Thomas veut faire une blague: il veut faire peur à Linda. Il crie et pousse[1] Linda qui tombe dans le trou.
Victor, très en colère: Thomas, tu es fou ou quoi?
Thomas est rouge comme une tomate. Il a honte[2].
Tous: Linda! Linda! Réponds! Où es-tu?
Pas de réponse. Une minute après (c'est long une minute quand on attend), ils entendent Linda.
Linda: Aïe, aïe, aïe, ma tête.
Amélie: Linda? Où es-tu? Ça va?
Linda: Je ne sais pas. C'est tout noir, ici. J'ai peur.
Elle crie.
Christian: Qu'est-ce qu'il y a?
Malika: Pourquoi est-ce que tu cries? *Silence.*
Linda: Je … Je … Nouba … Nouba, il est là, devant moi.
Amélie: C'est vrai? Youpi, on sait où il est!
Linda: … mais il ne bouge[3] pas. *Elle pleure.*
Thomas dit quelque chose à Christian.
Christian: Linda, Thomas demande si on va chercher un médecin[4].
Linda: Non, non, ça va. Mais dis à Thomas qu'il est vraiment fou.
Thomas a honte: Je sais. Pardon. Linda.
Linda: Euh … qu'est-ce que je fais maintenant?
Victor: Tu peux monter?
Linda: Non, je ne peux pas.
Victor: Je vais t'aider. Je fais une corde[5] avec nos serviettes[6] et après, je descends.
Emma: Attends, Maman met toujours une lampe de poche dans le sac. *Elle cherche.* Tiens!
Victor: Merci. *Il descend.* Ce n'est pas comme au gymnase, ici. Ça va Linda?
Il regarde à droite et à gauche avec la lampe. Mais c'est vachement[7] grand ici! C'est une grotte! Reste là, Linda, je vais raconter ça aux autres.

(d'après: Marlène Thomas, Défense d'entrer; © Ernst Klett Verlag)

1 **pousser qn:** jdn. schubsen / stoßen; 2 **avoir honte:** sich schämen; 3 **bouger:** sich bewegen; 4 **un médecin:** ein Arzt; 5 **une corde:** ein Seil; 6 **une serviette:** *(ici)* ein Handtuch; 7 **vachement** *(fam.)*: très

Après la lecture:

1. *Voilà des phrases qui résument le texte. Mais il y a des fautes. Corrige les fautes.*

Les amis trouvent [cherchent] Nouba. Thomas pousse Amélie [Linda] qui tombe dans un trou. Elle a mal à la jambe [tête].

Dans le trou, il y a aussi Nouba. Nouba va bien [ne bouge pas]. Victor fait une corde avec des serviettes.

Il prend aussi une bougie [lampe de poche]. Puis il monte [descend] dans le trou. Là, il fait la découverte d'un escalier [une grotte].

2. *Imaginez la suite. Qu'est-ce qu'ils vont trouver? Discutez en groupe et prends des notes. Après, écris la suite de l'histoire dans ton cahier (10–12 lignes).*

3. *Jouez la scène du texte. Voici quelques informations pour vous aider.*

Combien d'acteurs?	7 + le chien Nouba. Distribuez les rôles.
Comment faire le trou?	tables / chaises / couvertures (Decken) …
Quels accessoires?	Dans la salle de classe: tables, chaises, …
	A la maison: ballon, sacs, serviettes, lampe de poche, …
Décor	Affiche avec dessin de la porte, du jardin, …

Die Lösungen findest du auf S. 100.

Bilan

1 Ecouter / Médiation (nach SB S. 85, Nr. 1)

→ En plus S. 68, Nr. 3 △

Wenn ich im französischen Radio Informationen über Ferienmöglichkeiten in einer französischen Region und über das Wetter dort höre, kann ich diese verstehen und auf Deutsch wiedergeben.

CD 3, 16
95

Üben interaktiv
49dd3m

A *Ecoute la radio et coche les bonnes cases.*

1. Le Languedoc-Roussillon est ☐ dans le nord ☒ dans le sud-ouest ☐ dans le sud de la France.

2. Est-ce qu'on parle du skimboard? ☒ oui ☐ non Et de l'athlétisme? ☐ oui ☒ non

3. De quels endroits est-ce qu'on parle?

☒ Pont du Gard

☒ Montpellier

☐ Marseille

☒ Carcassonne

4. Il y a une phrase sur le temps qu'il fait. Ecris cette phrase ici.

En été, il ne pleut presque jamais.

B *Dein Freund hat erfahren, dass seine Eltern in den nächsten Ferien ins Languedoc-Roussillon fahren wollen. Du schreibst ihm auf Deutsch in einer E-Mail, was du über die Region weißt. Schreibe in dein Heft. Höre vorher die Radiowerbung noch einmal an.*

2 En forme (nach SB S. 86, Nr. 5)

→ En plus S. 68, Nr. 2 △

Ich kann Aussagen und Fragen „indirekt" wiedergeben.

Üben interaktiv
5yf4nc

Nathalie Sperlich écrit à l'office de tourisme (Fremdenverkehrsamt) de Leucate-Plage.

Madame, Monsieur,

Mes parents et moi, nous avons envie d'aller au bord de la mer en juillet.
Nous allons peut-être passer nos vacances dans le Languedoc-Roussillon. Nous cherchons un hôtel ou un gîte.
Est-ce que vous avez des adresses intéressantes?
Combien est-ce que ça coûte pour une semaine?
J'ai 13 ans. Où est-ce que je peux rencontrer des filles et des garçons de mon âge?
Quelles activités est-ce que vous proposez?
Merci pour votre réponse.

Nathalie Sperlich

Quelqu'un qui travaille à l'office de tourisme raconte:
«Une fille allemande écrit que ses parents et elle ont …» Continue dans ton cahier.
Commence les phrases comme ça: ***Elle écrit / dit / raconte / explique / demande / veut savoir …***

Die Lösungen findest du auf S. 100.

En plus: différenciation

Jeu de mots

1 Voyages, voyages

△ **A** *Moustique veut faire un voyage, mais il ne peut pas fermer ses valises. Dans chaque valise, il y a un mot ou une expression qui ne va pas avec les autres. Barre ces intrus.*

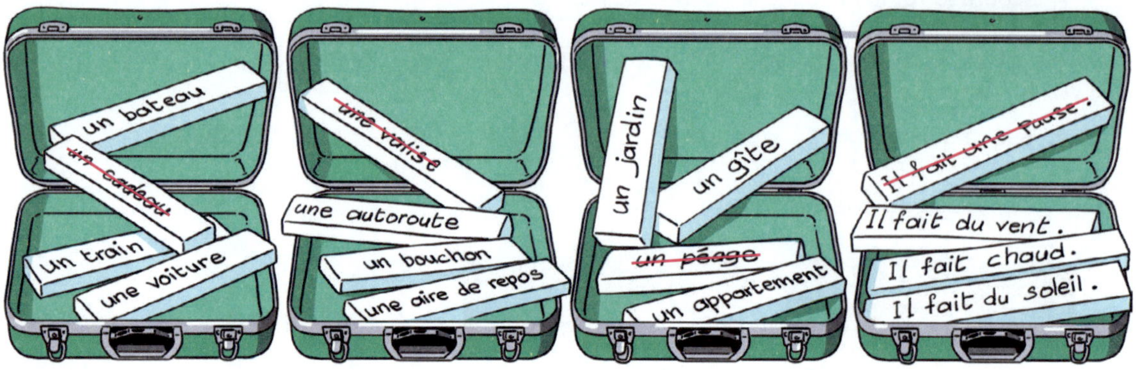

B *Ecris une phrase avec chaque intrus. Ecris les quatre phrases dans ton cahier.*

En forme

2 Dans la voiture

△ *Que disent les Guibert? Complète les phrases.*

1. Il y a un bouchon au péage.	M. Guibert dit qu'il y a un bouchon au péage.
2. C'est normal.	Mme Guibert dit que c'est normal.
3. Il fait chaud.	Alex trouve qu'il fait chaud.
4. Il y a bientôt une aire de repos.	M. Guibert explique qu'il y a bientôt une aire de repos.
5. Est-ce qu'il faut manger des sandwichs?	Jérôme demande s'il faut manger des sandwichs.
6. Les sandwichs sont très bons.	Mme Guibert répond que les sandwichs sont très bons.
7. Où sont les boissons?	Alex veut savoir où sont les boissons.
8. Est-ce qu'elles sont encore froides?	Elle demande si elles sont encore froides.
9. Les boissons sont restées à Paris.	M. Guibert dit que les boissons sont restées à Paris.

Regarder et écouter

3 C'est beau, ça!

Lis d'abord les phrases. Puis regarde la vidéo «C'est beau, ça!» sur ton DVD et complète les phrases.

1. Dans quelle région sont les deux garçons?

Ils sont en Normandie.

2. En allemand, «une falaise», c'est ein Felsen.

3. Quelle ville est-ce que les deux garçons trouvent super? C'est la ville de Fécamp.

Ecrire

4 Mes vacances d'été

Nathalie Sperlich écrit à une copine française.
Trouve les bons pronoms. Pense à l'accord du participe passé.

Quelles vacances d'été! Mes parents et moi, nous **les** avons pass**ées** à Leucate-Plage, dans un gîte. Génial. Je suis all**ée** dans un club de plage où j'ai rencontr**é** des filles et des garçons de mon âge. On a appri**s** à faire du skimboard. Daniel, un prof de sport, **nous** a montr**é** comment il faut faire. Il a pris les boards, il **les** a lanc**és**, puis il **nous** a aid**és** à monter dessus. J'ai vite appri**s**. Je ne **t'** ai pas encore envoy**é** mes photos, mais je vais **le** faire. Ces photos, je **les** ai pri**ses** sur la plage. Tu vas voir. Leucate, c'est super! Et Daniel, il est super aussi!

Médiation

5 Comment expliquer?

Ton corres français est chez toi. Vous êtes en voiture, avec ta mère.
Ton corres voit des panneaux de signalisation (Verkehrsschilder) qu'on ne trouve pas en France.

1 2 3 4 5 6

A *Explique en français chaque panneau à ton corres. Ecris dans ton cahier.*

B *Bildet Vierergruppen. Im Uhrzeigersinn liest jeder eine Erklärung vor. Der Jüngste beginnt. Die anderen erraten, um welches Verkehrsschild es sich handelt. Wer das Schild als Erster errät (Angabe der Zahl), erhält einen Punkt. Ihr könnt mehrere Runden spielen.*

Parler

6 Quel exercice a gagné?

Regarde encore une fois dans ce cahier les exercices de l'unité 5.
Quel exercice est-ce que tu as aimé le mieux?
Donne un premier, un deuxième et un troisième prix.
Est-ce que tes camarades sont d'accord avec toi?
Discutez.

Un peu d'entraînement

→ Lösungen findest du auf S. 101.

Jeu de mots

Üben interaktiv i7s78t

1 Au CDI

Julien écrit à un copain allemand. Il parle du CDI de son collège. Complète le texte.

Dans notre CDI, il y a des  ordinateurs. Nous pouvons travailler avec nos  clés USB. Nous surfons sur www. Internet, nous  chattons, écrivons des  courriels ou  écoutons de la  musique.

Au CDI, nous  lisons aussi des 

livres, des 

journaux et des  BD.

Tu sais que moi, j'adore les  dessinateurs des  mangas. Pour moi, ce sont des vraies  stars.

Au CDI, on peut aussi regarder des 

films, bien sûr. Mais je préfère aller au 

cinéma. Vous avez aussi une salle comme le CDI dans votre collège?

En forme

Üben interaktiv z8ka77

2 Allô, maman?

Complète le texte avec des verbes en ***-dre****. (Il y a deux passés composés.)*

attendre (3x) descendre (1x) entendre (2x) perdre (2x) répondre (2x)

1. Léa et Julien attendent le bus qui n'arrive pas.
   Léa téléphone à sa mère.
2. *Léa:* Allô, maman? Julien et moi, nous attendons le bus depuis 20 minutes.
   J'ai téléphoné à papa, mais il ne répond pas.
3. *La mère de Léa:* Papa ne peut pas te répondre.
   Hier, quand il est descendu du métro, il a perdu son portable.
   Ecoute, je viens vous chercher en voiture. Comme ça, vous ne perdez pas beaucoup de temps. Allô, allô, tu m' entends ?
4. *Léa:* Oui, oui, je t' entends bien. Merci beaucoup, maman. On t' attend.

... prêts,

... partez!

Unité 6
Notre journal

Beachtet:
In dieser Unité ist es wichtig, auch Aufgaben im ***En plus-Teil*** *eures Buches und im* ***Cahier d'activités*** *durchzunehmen. Diese Aufgaben sind in der folgenden Liste aufgeführt. Sie sollten von jedem von euch bearbeitet werden. Die nicht erwähnten Übungen oder Übungsteile sind freiwillig.*
Freiwillig ist auch die gesamte Station 4.
Damit ihr die ***Übersicht*** *behaltet, könnt ihr hier* ***„abhaken"****, welche Aufgaben ihr erledigt habt.*
Fandet ihr die gesamte Station schwer, normal oder leicht? Kreuzt die ***Ampelfarbe*** *an. In der rechten Spalte könnt ihr in einigen Stichworten beschreiben, was euch schwer oder leicht fiel.*

Laufzettel (nach SB S. 89, Nr. 2)

STATION	AUFGABEN	MATERIALIEN	✓	MEINE BEMERKUNGEN
1: Le coin internet				
	Text verstehen und Wortschatz erschließen	Buch S. 128, Nr. 1A	☐	
		Cahier S. 72, Nr. 1	☐	
	dormir, partir, sortir	Buch S. 128, Nr. 2	☐	
		Cahier S. 73, Nr. 3	☐	
2: Le coin musique				
	Text verstehen und Wortschatz erschließen	Buch S. 129, Nr. 1	☐	
		Cahier S. 74, Nr. 1	☐	
	Jahreszahlen verstehen	Buch S. 129, Nr. 2	☐	
	beau, nouveau, vieux	Buch S. 129, Nr. 3	☐	
		Cahier S. 75, Nr. 3	☐	
	jouer à, jouer de	Buch S. 129, Nr. 4	☐	
		Cahier S. 74, Nr. 2	☐	
3: Le coin BD				
	Text verstehen und Wortschatz erschließen	Buch S. 130, Nr. 1	☐	
	recevoir, devoir	Buch S. 130, Nr. 2	☐	
		Cahier S. 76, Nr. 1	☐	
	Zu einer Bildgeschichte passende Sprechblasen erfinden	Cahier S. 77, Nr. 3 **oder** Cahier S. 78, Nr. 4	☐	
4: Le coin cinéma				
	Text verstehen und Wortschatz erschließen	Buch S. 131, Nr. 1	☐	
	Einen Film verstehen	Buch S. 132, Nr. 2A	☐	
		Cahier S. 79, Nr. 1	☐	
	Seine Meinung zu einem Film oder einer Fernsehsendung äußern	Buch S. 132, Nr. 2B	☐	
		Cahier S. 79, Nr. 2	☐	

Station 1

Ecrire

1 Zoé écrit à OKAPI[1]. (zu SB S. 90, Nr. 1)

Zoé écrit à OKAPI pour donner son avis sur Internet.

A *Trouve les mots pour compléter le texte de Zoé.*

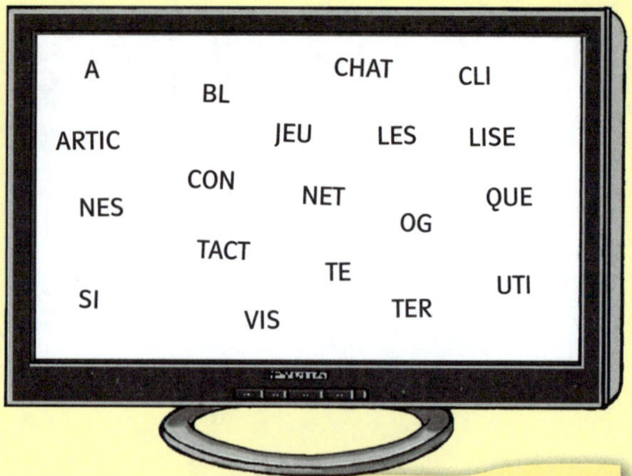

		1	C	L	I	Q	U	E	
				2	N	E	T		
			3	A	V	I	S		
		4	U	T	I	L	I	S	E
		5	S	I	T	E			
6	C	O	N	T	A	C	T		
	7	C	H	A	T	T	E	R	
	8	A	R	T	I	C	L	E	S
		9	B	L	O	G			
	10	J	E	U	N	E	S		

J'écris à OKAPI OKAPI 100% ADO

Cher OKAPI,
*Comme beaucoup de **((10))**, j'adore surfer et **((7))** pour rester en **((6))** avec mes copains. Mais j'**((4))** aussi le **((2))** pour travailler. Pour faire mes exposés, je **((1))** sur un **((5))** où je trouve des **((8))**, par exemple. Et puis, j'ai mon **((9))** où je raconte ma vie et donne mon **((3))**. C'est cool. Ah, j'arrête, j'ai une **((mot des cases jaunes))** pour un chat.*

Zoé, 13 ans

B *Ecris le texte de Zoé dans ton cahier.*

Ecouter

2 Marion et Damien parlent sur Radio Junior[2]. (zu SB S. 90, Nr. 2)

CD 3, 29, 30
106, 107

Marion et Damien téléphonent à Radio Junior pour raconter comment ils utilisent le net. Ecoute les deux documents. Puis complète le texte ou coche la bonne réponse.

Üben interaktiv m3qs5c

Document 1:

1. Marion a 14 ans.
2. Son ordinateur est dans sa chambre.
3. Marion joue de la guitare.
4. Elle aime passer l'après-midi devant l'ordinateur. Vrai ☐ Faux ☒

Document 2:

1. Que fait Damien après l'école? (3 activités)

   Chatter surfer écouter de la musique

2. Damien passe la nuit devant l'ordinateur. Vrai ☐ Faux ☒
3. Damien joue au foot avec ses copains.

1 bekannte frz. Jugendzeitschrift; 2 bekanntes frz. Jugendradio

En forme

3 Un samedi sans ordinateur (G 22) (zu SB S. 91)

dormir, partir, sortir,

A *Complète les bulles. (Ergänze die Sprechblasen.) Utilise les verbes en* ***-ir*** *au présent.*

B *Utilise les verbes en* ***-ir*** *au passé composé. Fais attention à l'accord du participe passé.*

1. Samedi matin, Alex est sortie de son lit à 8 heures.
2. Pour aller au parc Astérix, elle et ses copains sont partis du Louvre dans un bus spécial. **3.** A l'arrivée au parc, le soleil est sorti et il a fait un temps super. Quelle journée fantastique, sans ordinateur! **4.** Cette nuit, Alex a bien dormi.

A toi! Cherche sur Internet. A quelle heure ouvre le parc Astérix samedi prochain?

Parc Astérix PARIS

En forme

4 Un samedi devant l'ordinateur (G 22) (zu SB S. 91)

Complète le texte avec les verbes au passé composé.

Üben interaktiv s3gz2s

Voici les infinitifs sans voyelles:

vnr
prdr
srtr
llr prtr
prndr
fr

Les copains sont venus chez Jérôme à 10 heures. Ils n'ont pas perdu une seule minute. «Super! Nous sommes seuls pour la journée! Maman est sortie avec une amie: elles sont allées au Louvre. Et papa est parti avec ses amis. On joue?» Les garçons ont pris leurs ordinateurs et de 10 heures à 5 heures, ils ont fait des jeux sur Internet.

Rébus

Pourquoi est-ce que le chat aime l'ordinateur?

Le chat ♥ ~~Paris~~ ← la

Tu trouves la solution? Le chat aime la souris.

Station 2

Stratégie

1 Comment expliquer des mots? (zu SB S. 92, Nr. 1)

Voilà comment on peut expliquer quelques mots qui sont dans ton livre pages 92 et 93. Retrouve ces mots.

Pense au mot anglais «different».	Ça vient avant le nom.	Je suis né(e) à cette date. C'est ma date de	C'est comme «Rhythmus» en allemand. Mais sans le premier «h».	C'est comme le mot anglais «important».	Dans ce nom, on retrouve le verbe «aimer».
différent	le prénom	naissance.	le rythme	important	l' amour

Pense au verbe anglais «to imagine».	Il en faut pour payer.	Quand on a appris qc, on fait ça pour gagner sa vie, p. ex. «rédacteur».	Quand on rigole beaucoup, il y a	Cette chanteuse chante très bien. Elle a une très jolie	C'est le contraire de «jeune».
imaginer	de l' argent	un métier	de la joie.	voix.	vieux

Jeu de mots

2 Tout le monde aime jouer. (zu SB S. 92, Nr. 1)

Üben interaktiv wc85be

A *«De quoi» et «à quoi» est-ce qu'ils jouent? Mets la préposition **à** ou **de** après le verbe **jouer**.*

1. Il joue au foot.
2. Elle joue de la guitare.
3. Il joue au rugby.
4. Il joue du piano.

5. Elle joue du violon.
6. Il joue de la batterie.
7. Elle joue aux cartes.
8. Il joue de l'harmonica.

B *Maintenant à toi!*

(de) Et moi, je joue / j'aimerais jouer ______________________________

(à) Mes copains et moi, nous aimons jouer ______________________________

En forme

3 beau, nouveau, vieux (G 23) (zu SB S. 93)

Üben interaktiv 2r2ef9

*Complète avec **un / une / des** et la bonne forme de l'adjectif.*
Puis fais une flèche entre chaque verbe et l'expression qui va avec (comme dans le modèle).

1. vieux:

jouer sur	des vieilles	chansons
lire	un vieil	harmonica
visiter	des vieux	copains
chanter	un vieux	livre
rencontrer → (copains)	une vieille	ville

2. beau:

habiter dans	une belle	voix
chanter avec	des belles	histoires
porter	un beau	pantalon
faire	un bel	hôtel
raconter	des beaux	dessins

3. nouveau: *Complète et trouve toi-même des verbes. (… finde selbst Verben.)*

______	des nouveaux	films
______	un nouveau	vélo
______	des nouvelles	routes
______	un nouvel	album
______	une nouvelle	mélodie

En forme

4 Petits dialogues dans le métro (G 23) (zu SB S. 93)

A *Complète les dialogues. Mets les adjectifs à la bonne forme et à la bonne place.*

1. *Léa:* Tu as déjà le nouvel album ______ de Zaz? — **nouveau**
   Julien: Oui, il y a ma ______ chanson préférée dessus. — **préféré**
2. *Mme Azemour:* Regarde cette jolie robe grise sur cette — **joli, gris**
   affiche. Tu la ______ trouves belle? — **beau**
   Karima: Non, j'aime mieux ma vieille jupe blanche. — **vieux, blanc**
3. *M. Racine:* Regarde cette fille avec les ______ cheveux bleus. — **bleu**
   Tu ne penses pas qu'elle est folle? — **fou**
   Zoé: Mais tu ne la connais pas, papa. C'est la nouvelle élève — **nouveau**
   ______ de ma classe. Elle a des bonnes idées ______ et — **bon**
   elle est très courageuse. — **courageux**

B *Imagine un dialogue dans le métro. Utilise des adjectifs. Présente le dialogue avec un partenaire.*

Station 3

En forme

1 «devoir» et «recevoir» (G 24, 25) (zu SB S. 94, Nr. 1)

Üben interaktiv hj4wa3

A *Trouve les pronoms personnels et les bonnes formes de* ***devoir*** *et* ***recevoir****.*

J	E		D	O	I	S		V	O	U	S		R	E	C	E	V	E	Z			
I	L	S		R	E	Ç	O	I	V	E	N	T		E	L	L	E		D	O	I	T
N	O	U	S		D	E	V	O	N	S		T	U		R	E	Ç	O	I	S		

B *Lis et complète la lettre du facteur Vincent. Il a écrit à la dame qu'il adore.*

Chère Madame,

Hier, j'ai reçu votre lettre. Merci. Je ne reçois pas souvent de lettres. Vous en recevez beaucoup? Les femmes intéressantes en reçoivent mille par jour, j'en suis sûr! Je dois vous raconter une histoire. Vous savez qu'un facteur doit apporter des lettres et que les facteurs doivent être courageux. Nous devons même entrer dans des cours où il y a des chiens. Hier, dans une cour, j'ai parlé à un petit chien sympa. Mais, tout à coup, j'ai eu très mal dans le dos et j'ai dû vite quitter la cour. Le problème, c'est que le grand frère du petit chien n'aime pas recevoir des visites. Je ne veux plus être facteur! Je voudrais être avec vous!

Votre ami Vincent

Jeu de sons

2 Comment prononcer le «c»? (zu SB S. 94, Nr. 1)

CD 3, 31 108

Üben interaktiv 2v44tk

A *Ecoute la phrase. Quand est-ce que tu entends un* [s] *ou un* [k]*? Souligne les* [s] *et entoure les* [k].

Voici un garçon français qui a reçu un cadeau curieux à Cologne pendant ses vacances: la cathédrale en chocolat.

[s] *ou* [k]*? Trouve la règle:*

Devant «e» et «i», on prononce le «c» comme s.

Devant «a», «o» et «u», on prononce le «c» comme k.

Devant «a», «o» et «u», on prononce le «ç» (c cédille) comme s.

CD 3, 32 109

B *Ecoute et répète le virelangue.*

Si six scies scient six cigares, six-cent-six scies scient six-cent-six cigares.

(explication: si = wenn; une scie = eine Säge; scier = sägen; un cigare = eine Zigarre)

Ecrire **3** (zu SB S. 94, Nr. 2) ______________________________ (← Ecris ici le titre de la BD.)

Regarde les images, puis remplis les bulles. Ensuite, trouve un titre pour ta BD.

Ecrire

4 (zu SB S. 94, Nr. 2) ______________________ (← Ecris ici le titre de la BD.)

Regarde les images, puis remplis les bulles. Ensuite, trouve un titre pour ta BD.

Station 4

Médiation

Üben interaktiv a3w3qm

1 Le film policier du dimanche soir (zu SB S. 96)

Dimanche soir. Après un week-end sportif avec ta corres française, vous regardez le programme de la télé. Ta corres te demande: «Tatort, qu'est-ce que c'est?» Explique la série et l'épisode[1] de ce soir. Raconte aussi qui dans ta famille aime la série et qui ne l'aime pas. Dis pourquoi. Ecris 7 à 8 phrases.

18 bis 22 Uhr	
18:00	Sportschau
18:30	Bericht aus Berlin
18:49	Ein Platz an der Sonne
18:50	Lindenstraße
19:20	Weltspiegel
20:00	Tagesschau
20:15	Tatort: Die Frau im Zug

Die Kommissare ermitteln im Milieu der Mafia[2].

21:45	Günter Jauch

Parler et écrire

Üben interaktiv 84i7md

2 J'aime … / Je déteste … (zu SB S. 96)

A *Cherche l'intrus et barre ce mot.*

J'aime …

J'ai envie …

Ça m'énerve!

Ça me plaît.

J'adore …

Je trouve ça fantastique.

C'est drôle!

J'ai peur.

Bof!

C'est dangereux!

Je déteste …

Ce n'est pas mon truc!

C'est génial!

C'est trop nul!

B *Et toi? Quelle émission[3] de télé est-ce que tu aimes? Dis pourquoi. Et quelle émission est-ce que tu détestes? Dis pourquoi. Ecris quatre phrases dans ton cahier.*

1 **un (!) épisode:** eine Episode; 2 **la mafia:** die Mafia; 3 **une émission:** eine Sendung

Lösungen findest du auf S. 101.

Bilan

En forme (vor oder nach SB S. 98)

A Ich kann die **Verben auf *-ir (dormir, partir, sortir)*** verwenden.

Üben interaktiv q32bg5

Samedi matin, Camille discute avec Florian, son corres allemand, au téléphone:

1. *Florian:* Tu sors ce soir?
2. *Camille:* Non, en France, les enfants de 13 ans ne sortent pas seuls le samedi soir. Mais souvent une copine dort chez moi. Alors là, le dimanche matin, nous ne sortons pas du lit avant 10 heures.
3. *Florian:* Et après, vous partez faire un tour dans le quartier?
4. *Camille:* Non, souvent, je reste avec mes parents. Dimanche dernier, je n'ai pas dormi longtemps. Mes parents et moi, nous sommes partis au marché aux puces, à Paris.

B Ich kann die **Adjektive *beau, nouveau, vieux*** verwenden.

Üben interaktiv 4c7u5z

1. *Camille:* Et là, j'ai trouvé une nouvelle robe pour moi, elle est vieille bien sûr, mais très belle. J'aime les vieux vêtements au marché aux puces.
2. Après, nous sommes allés chez des amis de mes parents. Ils ont quitté leur vieil appartement et ils ont trouvé un bel appartement pas loin de la tour Eiffel. Leur nouvel appartement est vraiment très beau. J'ai pris une photo avec mon nouveau portable. Je t'envoie la photo par MMS.

MaP Marché aux puces

C Ich kann die **Verben *devoir*** und ***recevoir*** verwenden.

Üben interaktiv u2sf9g

1. *Camille:* A propos, tu as reçu mon dernier courriel?
2. *Florian:* Non, j'ai un problème avec mon ordinateur. J'ai dû demander à mon frère de m'aider, mais il n'a pas pu. Qu'est-ce que tu as écrit?
3. *Camille:* Ecoute, une copine et moi, nous devons faire un exposé sur l'Allemagne. Nous recevons des informations de notre prof, bien sûr. Mais tu peux peut-être nous aider.
4. *Florian:* Ecoute, mon père doit aller à Hambourg demain. Je vais utiliser son ordinateur. Tu vas recevoir une réponse à tes questions demain.

   Camille: A demain alors. Et merci!

Mit diesem Spiel kannst du die Zahlen bis 100 trainieren.
Beachte die Anleitung auf der Vorder- und Rückseite dieses Blattes.
Du kannst das Spiel von Beginn des zweiten Bandes an spielen.

1. ***Was brauchst du?*** *Schneide die Karten aus und verwahre sie in einem Briefumschlag. Du kannst mit der Vorder- oder Rückseite spielen. Auf jeder Spielkarte gibt es 3 waagerechte Reihen und 10 senkrechte Spalten. In jeder Reihe müssen 5 Zahlen stehen, 3 sind schon eingetragen, ergänze also zunächst in jeder Reihe 2 beliebige Zahlen zwischen 0 und 100, die zu der angegebenen senkrechten Zehnerkolonne passen. Die vierte Karte ist leer, du kannst sie als Schablone benutzen, um weitere Karten herzustellen. Als Spielchips eignen sich z. B. kleine Papierquadrate.*
2. ***Wer spielt?*** *Spielt das Spiel mit der ganzen Klasse.*
Ein Schüler (oder der Lehrer) übernimmt die Rolle des Spielleiters.

0–9	*10–19*	*20–29*	*30–39*	*40–49*	*50–59*	*60–69*	*70–79*	*80–89*	*90–100*
7	19					61			
		29		48					100
	13						71		95

0–9	*10–19*	*20–29*	*30–39*	*40–49*	*50–59*	*60–69*	*70–79*	*80–89*	*90–100*
4						68		85	
		28			51				93
	12			47		69			

0–9	*10–19*	*20–29*	*30–39*	*40–49*	*50–59*	*60–69*	*70–79*	*80–89*	*90–100*
1				44			73		
2			38			66			
					50			81	94

Zahlentraining

3. ***Wie wird gespielt?*** *Spielt das Spiel jeweils mit zwei oder drei Karten.*
Legt sie untereinander, sodass ihr sie alle gut sehen könnt.
Der Spielleiter ruft laut auf Französisch eine Zahl zwischen 0 und 100.
Wenn du diese Zahl auf einer deiner Karten findest, lege einen Spielchip darauf.
Die Zahlen werden nur einmal genannt, du musst also genau aufpassen.
Gewonnen hat, wer zuerst die 5 Zahlen einer waagerechten Reihe mit Chips belegt hat.
Er ruft dann „Gagné!". Der Spielleiter kontrolliert anhand der Zahlen, die er ausgerufen hat.
Stimmen die Zahlen, erhält der Sieger einen Preis. Alle Chips werden entfernt und das Spiel beginnt von vorn.
Im Internet stehen für den Spielleiter alle Zahlen von 0 bis 100 zur Verfügung. Diese werden ausgeschnitten.
Sie kommen in eine Tüte, aus der sie der Spielleiter nacheinander zieht und ausruft.
So wird jede Zahl nur einmal verwendet.

Mehr dazu
gt967u

0–9	10–19	20–29	30–39	40–49	50–59	60–69	70–79	80–89	90–100
	15			43					96
5			39					88	
		21				68			99

0–9	10–19	20–29	30–39	40–49	50–59	60–69	70–79	80–89	90–100
8	11			46					
		27			58				90
	14					63		82	

0–9	10–19	20–29	30–39	40–49	50–59	60–69	70–79	80–89	90–100

Beachte die Anleitung auf der Vorder- und Rückseite dieses Blattes.
Hinweis: *Mit der gelben Wörterkarte kannst du von Beginn an trainieren, mit den grünen Karten nach Unité 2, mit den blauen nach Unité 4 und mit den roten nach Unité 6. Die zwei leeren Karten kannst du mit Themen und Wörtern füllen, die dir persönlich wichtig sind.*

1. *Du kannst mit diesen Wörterkarten gut Wortschatz wiederholen. Schneide die Karten aus, mische sie, schau dir Vorder- und Rückseite an. Dann versuche, dich an möglichst viele Wörter zu erinnern.*

les vêtements

une personne

les moyens de transport

en ville

à l'école

manger

boire

en vacances

l'ordinateur

la musique

☺ *mein eigenes Thema*

☺ *mein eigenes Thema*

Wörtertraining

2. *Ihr könnt mit den Karten auch ein Spiel machen. Bildet kleine Gruppen. Zieht eine Karte. Dann sagt jeder ringsum ein Wort, das zum angegebenen Thema passt. Schaut nicht auf die Rückseite. Gleichzeitig gebt ihr einen kleinen Zeitwecker weiter, den ihr so eingestellt habt, dass er nach einer bestimmten Zeit klingelt. Wer gerade „dran" ist, wenn er klingelt, erhält einen Minus-Punkt. Wer nach einigen Runden die meisten Minuspunkte hat, hat verloren. Die Wörter, die ihr sagt, müssen nicht unbedingt auf der Rückseite vorkommen.*
Aber Achtung! *Ihr dürft nicht zweimal dasselbe Wort sagen. Sonst gibt es auch einen Minuspunkt.*

un moyen de transport, un vélo, une voiture, un taxi, un bus, un métro, un train, un TGV, un avion, une station, un ticket, à droite, à gauche, tout droit, aller à pied, aller en voiture, prendre un train, changer de métro, traverser, descendre, monter, arriver, être en retard, attendre

une personne, un homme, une femme, une dame, un / une enfant, un garçon, une fille, grand, petit, joli, timide, content, cool, bête, intéressant, fatigué, en forme, bizarre, triste, sympa, drôle, heureux, malheureux, courageux, dangereux, curieux, un œil, avoir les yeux bleus / marron / noirs / verts, un cheveu, avoir les cheveux blonds / bruns / roux / gris / longs, avoir onze ans, avoir l'air d'une star, ressembler à une star

un vêtement, une couleur, un chapeau, une casquette, un anorak, un t-shirt, une chemise, un pull, une veste, un pantalon, un jean, une robe, une jupe, une poche, des baskets, des chaussures, grand, petit, long, joli, génial, moderne, bizarre, drôle, chaud, froid, cher, vert, blanc, bleu, jaune, rouge, gris, noir, mettre, porter

manger, un repas, la faim, un fruit, une orange, une pomme, un citron, un légume, une tomate, une pomme de terre, une salade, la viande, un steak-frites, un saucisson, une moule, un œuf, un yaourt, un fromage, un gâteau, le chocolat, une gaufre, une crêpe, une quiche, le pain, une baguette, le beurre, la farine, l'huile, le sucre, une entrée, un plat principal, un dessert, un petit-déjeuner, avoir faim, faire la cuisine, goûter

Wörter nur aus Band 2:
la rentrée, un bulletin scolaire, un cahier de textes, un carnet de correspondance, un tableau, la permanence, un surveillant, une discussion, une leçon, un dessin, une page, un résultat, une note, la moyenne, avoir la moyenne, avoir cours, être bon en géographie, être mauvais en anglais, expliquer, noter, apprendre, comprendre, connaître

une ville, un quartier, une maison, une poubelle, une rue, un carrefour, une place, un parc, un souterrain, une tour, une gare, une poste, un café, un restaurant, une école, un collège, un lycée, un magasin, une boutique, une maison de la presse, un marché, un marché aux puces, un supermarché, un théâtre, un cinéma, une piscine, moderne, habiter, visiter

un ordinateur, Internet, le net, un site, un courriel, l'adresse e-mail, un blog, un jeu vidéo, une souris, une clé USB, un portable, un SMS, un MMS, sur Internet, utiliser, chatter, surfer, rester en contact, jouer à un jeu vidéo, envoyer un SMS, écrire un courriel, lire un blog, écouter une chanson en ligne, regarder une vidéo, chercher un site

les vacances, un voyage, une valise, le départ, l'arrivée, un touriste, un guide, un souvenir, un pays, une région, en Normandie, un gîte, la mer, au bord de la mer, une plage, une dune, le sable, une vague, un bateau, un skimboard, une saison, le printemps, au printemps, l'été, en été, l'automne, en automne, l'hiver, en hiver, une semaine, quinze jours, un mois, être en vacances, passer les vacances, visiter, faire des photos

boire, une boisson, la soif, l'eau, une eau minérale, un coca, un diabolo menthe, un jus, un jus de pommes, un chocolat, un café, le lait, le sucre, un verre, une tasse, un bol, une cuillère, chaud, froid, bon, mauvais, avoir soif, une cantine

la musique, un groupe, un chanteur, une voix, une chanson, une mélodie, un texte, un instrument de musique, une guitare, un violon, une batterie, un harmonica, un piano, le saxophone, un album, un CD, un DVD, un nouvel album, le style, le rythme, le rock, le pop, la techno, la danse, un festival, une belle voix, une vieille chanson, chanter, jouer de la guitare, faire du piano

Beachte die Anleitung auf der Vorder- und Rückseite dieses Blattes.
Hinweis: *Mit der gelben Seite der Dialogkarten kannst du von Beginn an trainieren, mit der grünen Seite nach Unité 2, mit der blauen Seite nach Unité 4 und mit der roten Seite nach Unité 6.*

1. *Schneide die Dialogkarten aus und verwahre sie in einem Briefumschlag.*

Au marché aux puces A 	**Au marché aux puces** B 
Vendeur	***Client***
A: *(beginnt)* **fragt, was der Kunde sucht**	[A *(beginnt)* Qu'est-ce que vous cherchez? / Vous désirez?]
[Je cherche une casquette rouge.]	**B: sucht eine rote Kappe**
A: bedauert – hat blaue, grüne und schwarze Kappen, aber keine roten	[Désolé(e). / C'est dommage. J'ai des casquettes bleues, vertes et noires, mais pas de casquettes rouges.]
[Elle fait / coûte combien, la casquette noire?]	**B: fragt, was die schwarze Kappe kostet**
A: nicht teuer – 11 Euro	[Elle n'est pas chère, 11 euros.]
[Oh non, c'est trop cher. Voilà 8 euros. C'est d'accord?]	**B: zu teuer – bietet 8 Euro an – fragt, ob einverstanden**
A: lehnt ab – bereit, die Kappe für 9 Euro zu überlassen	[Ah non! Mais je suis d'accord pour 9 euros.]
[C'est cher! Mais je suis d'accord. Voilà 9 euros. Au revoir, monsieur / madame.]	**B: teuer – aber einverstanden – gibt Geld – verabschiedet sich**
A: bedankt und verabschiedet sich	[Merci, monsieur / madame. Au revoir.]
Spielt den Dialog noch einmal mit anderen Kleidungsstücken und anderen Preisen.	*Spielt den Dialog noch einmal mit anderen Kleidungsstücken und anderen Preisen.*

Un coup de téléphone A 	**Un coup de téléphone** B 
Les Catacombes de Paris	***Toi***
1. A: *(beginnt)* Allô? Les Catacombes de Paris, j'écoute.	**2.** Du meldest dich mit deinem Vor- und Nachnamen. Du hast gestern schon einmal angerufen und hast noch Fragen.
3. … will wissen, was man für den Anrufer tun kann	**4.** Du möchtest wissen, ob man montags in die Katakomben gehen kann.
5. … bedauert und sagt, dass die Katakomben montags schließen, aber dass man von Dienstag bis Sonntag von 10 bis 17 Uhr kommen kann	**6.** Du möchtest wissen, wie viel der Eintritt kostet.
7. … fragt nach dem Alter	**8.** Du bist 16 Jahre und deine Schwester 12.
9. … sagt, dass der Anrufer 4 € und die Schwester nichts bezahlen muss	**10.** Du willst wissen, ob es in den Katakomben kalt ist.
11. … bestätigt, dass es in den Katakomben nicht sehr warm ist und dass man einen Pullover anziehen soll	**12.** Du bedankst und verabschiedest dich.
Spielt den Dialog noch einmal mit anderen Pariser Sehenswürdigkeiten.	*Spielt den Dialog noch einmal mit anderen Pariser Sehenswürdigkeiten.*

Dialogtraining

2. *Wenn du trainierst, trainiere mit einem Partner. Schneide die Dialogkarte in die A-Hälfte und die B-Hälfte. Jeder nimmt eine Hälfte. Wechselt die Karten und damit die Rollen nach einem Durchgang.*

Préparer un anniversaire A 	**Préparer un anniversaire** B 
Vater/Mutter *bereiten mit Sohn/Tochter die Geburtstagsfeier vor.*	*Vater/Mutter bereiten mit* ***Sohn/Tochter*** *die Geburtstagsfeier vor.*
1. A: *(beginnt)* fragt, wie viele Personen eingeladen werden	**2.** … hat 8 Freunde und Freundinnen eingeladen
3. … fragt, was getrunken werden soll	**4.** … weiß nicht so recht. Vielleicht Mineralwasser, Apfelsaft und Cola
5. … einverstanden … wird 3 Flaschen Mineralwasser und 2 Flaschen Apfelsaft kaufen	**6.** … will wissen, ob noch Cola da ist
7. … keine mehr da, wird auch 2 Flaschen Cola kaufen … bietet an auch Kuchen zu machen	**8.** … möchte keinen Kuchen, lieber Waffeln … fragt, ob alles da ist, um sie vorzubereiten
9. … natürlich … hat Mehl, Eier, ein wenig Milch, Zucker … wird schon gehen	**10.** … fragt, ob sie auch Joghurt mit Orangen essen können
11. … gute Idee … aber könnte auch einen Obstsalat vorbereiten	**12.** … einverstanden … will mit zum Einkaufen gehen
Spielt den Dialog noch einmal mit anderen Lebensmitteln.	*Spielt den Dialog noch einmal mit anderen Lebensmitteln.*

Comment passer l'après-midi? A 	**Comment passer l'après-midi?** B 
Führt einen Dialog. Achtung! Macht aus den Stichworten ganze Sätze.	*Führt einen Dialog. Achtung! Macht aus den Stichworten ganze Sätze.*
1. A: *(beginnt)* venir chez moi – cet après-midi?	**2. B:** d'accord – qu'est-ce que – on – faire?
3. écouter – musique – Zaz – nouveau CD	**4.** Zaz – nul – préférer chatter – Internet
5. pas possible – problème – ordinateur	**6.** regarder – DVD?
7. quel – DVD?	**8.** père – beaucoup de DVD – Astérix – rigoler
9. pas envie – Astérix – pas intéressant	**10.** difficile – Zaz: nul – ordinateur: problème – Astérix: pas intéressant; alors – faire quoi?
11. … sortir – parc des Batignolles – jouer au ping-pong	**12.** ping-pong – Ça ne – me – dire – rien – aimer mieux – aller – piscine
…	…
Beendet den Dialog, sodass ihr euch auf eine Beschäftigung und eine Uhrzeit für das Treffen einigt. Spielt dann den Dialog noch einmal mit anderen Beschäftigungen.	*Beendet den Dialog, sodass ihr euch auf eine Beschäftigung und eine Uhrzeit für das Treffen einigt. Spielt dann den Dialog noch einmal mit anderen Beschäftigungen.*

Beachte die Anleitung auf der Vorder- und Rückseite dieses Blattes.
Hinweis: *Mit der gelben Seite der Karten kannst du von Beginn an trainieren, mit der grünen Seite nach Unité 2, mit der blauen Seite nach Unité 4 und mit der roten Seite nach Unité 6.*

1. *Schneide die Karten aus und verwahre sie in einem Briefumschlag.*

avoir *Présent:* tu ? ***(tu as)*** nous ? ***(nous avons)***	**je vais lire** *Welche Zeit?* ***(Futur composé)*** *Übersetzung?* ***(ich werde lesen)***	**nous lisons** *Wie heißt der Infinitiv?* ***(lire)*** *Présent:* je ? ***(je lis)***	***Übersetze:*** *ihr werdet schreiben* ***(vous allez écrire)*** *wir schreiben* ***(nous écrivons)***
prendre *Présent:* nous ? ***(nous prenons)*** ils *(Pluriel)* ? ***(ils prennent)***	**vous faites** *Wie heißt der Infinitiv?* ***(faire)*** *Présent:* nous ? ***(nous faisons)***	**nous allons écrire** *Welche Zeit?* ***(Futur composé)*** *Übersetzung?* ***(wir werden schreiben)***	**il a fait** *Welche Zeit?* ***(Passé composé)*** *Übersetzung?* ***(er hat gemacht)***
être *Présent:* ils *(Pluriel)* ? ***(ils sont)*** tu ? ***(tu es)***	**nous avons** *Présent:* ils *(Pluriel)* ? ***(ils ont)*** *Futur composé:* tu ? ***(tu vas avoir)***	**aller** *Impératif singulier* ***(va)*** *Présent:* ils *(Pluriel):* ? ***(ils vont)***	**lire** *Présent:* nous ? ***(nous lisons)*** vous ? ***(vous lisez)***
nous sommes *Übersetzung?* ***(wir sind)*** *Présent:* vous ? ***(vous êtes)***	**parler** *Présent:* tu ? ***(tu parles)*** *Passé composé:* tu ? ***(tu as parlé)***	***Übersetze:*** *ihr macht* ***(vous faites)*** *du machst* ***(tu fais)***	***Übersetze:*** *wir werden nehmen* ***(nous allons prendre)*** *wir haben genommen* ***(nous avons pris)***
je suis *Wie heißt der Infinitiv?* ***(être)*** *Présent:* on ? ***(on est)***	**ils mettent** *Übersetzung?* ***(sie setzen, stellen…)*** *Wie heißt der Infinitiv?* ***(mettre)***	**mettre** *Présent:* vous ? ***(vous mettez)*** *Futur composé:* on ? ***(on va mettre)***	***Übersetze:*** *Fangen wir an!* ***(Commençons.)*** *Fangen Sie an!* ***(Commencez.)***
Lisez. *Übersetzung?* ***(Lest!)*** *Futur composé:* tu ? ***(tu vas lire)***	**ils écrivent** *Übersetzung?* ***(sie schreiben)*** *Présent:* tu ? ***(tu écris)***	**elles prennent** *Übersetzung?* ***(sie nehmen)*** *Wie heißt der Infinitiv?* ***(prendre)***	**ils vont** *Wie heißt der Infinitiv?* ***(aller)*** *Présent:* nous ? ***(nous allons)***
manger *Présent:* nous ? ***(nous mangeons)*** *Passé composé:* vous ? ***(vous avez mangé)***	**il va neiger** *Welche Zeit?* ***(Futur composé)*** *Übersetzung?* ***(es wird schneien)***	***Übersetze:*** *ich wohne* ***(j'habite)*** *wir wohnen* ***(nous habitons)***	***Übersetze:*** *ich höre zu* ***(j'écoute)*** *ihr habt zugehört* ***(vous avez écouté)***

Verbtraining

2. *Wenn du trainierst, trainiere mit einem Partner. Verteilt die Karten gemischt auf einem Tisch.* ***A*** *nimmt eine Karte und stellt die Aufgabe.* ***B*** *antwortet.* ***A*** *kontrolliert mit Hilfe der Lösungen, die blau in Klammern stehen. Wurden die Fragen richtig beantwortet, erhält* ***B*** *die Karte und legt sie vor sich hin.*
3. *Dann zieht* ***B*** *eine Karte und verfährt genauso. Wenn alle Karten verteilt sind, stellen sich die Partner noch einmal die Fragen, die sie selbst beantwortet haben.*

Nenne das *Participe passé* der Verben: être ▶ ***(été)*** avoir ▶ ***(eu)*** voir ▶ ***(vu)***	***Übersetze:*** *wir haben gesehen* ***(nous avons vu)*** *wir sehen* ***(nous voyons)***	**j'ai compris** *Übersetzung?* ***(ich habe verstanden)*** *Wie heißt der Infinitiv?* ***(comprendre)***	**savoir** *Présent:* nous ? ***(nous savons)*** *Passé composé:* on ? ***(on a su)***
Übersetze: *wir kennen* ***(nous connaissons)*** *ich habe gekannt* ***(j'ai connu)***	**voir** *Présent:* tu ? ***(tu vois)*** *Passé composé:* tu ? ***(tu as vu)***	***Übersetze:*** *er hat geöffnet* ***(il a ouvert)*** *ich öffne* ***(j'ouvre)***	**Nenne das *Participe passé* der Verben:** répondre ▶ ***(répondu)*** perdre ▶ ***(perdu)*** entendre ▶ ***(entendu)***
perdre *Présent:* tu ? ***(tu perds)*** elles *(Pluriel)* ? ***(elles perdent)***	**comprendre** *Passé composé:* je ? ***(j'ai compris)*** *Übersetzung?* ***(ich habe verstanden)***	**savoir:** *Nenne alle Formen im Présent.* ***(je sais, tu sais, il sait, nous savons, vous savez, ils savent)***	**avoir:** *Nenne alle Formen im Présent.* ***(j'ai, tu as, il a, nous avons, vous avez, ils ont)***
boire *Présent:* vous ? ***(vous buvez)*** *Passé composé:* nous ? ***(nous avons bu)***	**ils ont pu** *Übersetzung?* ***(sie haben gekonnt)*** *Présent:* nous ? ***(nous pouvons)***	***Übersetze:*** *sie ist gekommen* ***(elle est venue)*** *Kommt!* ***(Venez.)***	**descendre** *Présent:* ils *(Pluriel)* ? ***(ils descendent)*** *Passé composé:* ***(ils sont descendus)***
vouloir *Présent:* tu ? ***(tu veux)*** elles *(pluriel)* ? ***(elles veulent)***	**payer** *Présent:* je ? ***(je paie)*** vous ? ***(vous payez)***	***Übersetze:*** *Kaufe!* ***(Achète.)*** *ihr habt gekauft* ***(vous avez acheté)***	**préférer** *Présent:* je ? ***(je préfère)*** *Passé composé:* je ? ***(j'ai préféré)***
dire: *Nenne alle Formen im Présent.* ***(je dis, tu dis, il dit, nous disons, vous dites, ils disent)***	**vous dites** *Wie heißt der Infinitiv?* ***(dire)*** *Passé composé:* nous ? ***(nous avons dit)***	**dormir** *Présent:* on ? ***(on dort)*** elles *(Pluriel)* ? ***(elles dorment)***	**sortir** *Présent:* ils *(Pluriel)* ? ***(ils sortent)*** *Passé composé:* ***(ils sont sortis)***
recevoir *Présent:* nous ? ***(nous recevons)*** ils *(Pluriel)* ? ***(ils reçoivent)***	***Übersetze:*** *Elle a dû venir.* ***(Sie hat kommen müssen.)*** *Infinitiv von „dû"?* ***(devoir)***	***Übersetze:*** *ich fahre ab* ***(je pars)*** *sie ist abgefahren* ***(elle est partie)***	***Übersetze:*** *elle a reçu* ***(sie hat erhalten)*** *du erhältst* ***(tu reçois)***

Un peu d'entraînement

→ Lösungen findest du auf S. 101.

Lire et écrire

Üben interaktiv t6597c

1 Qu'est-ce qu'on fait?

Lis les expressions. Quelle expression française va avec quelle expression allemande?
Ecris l'expression à la bonne place et complète-la (... vervollständige sie.) Ecris un petit dialogue.

Non, j'aimerais mieux ... | D'accord pour ... | Et après, on va ... | Je veux bien. | Tu as envie de ...? | Bof! Alors, je te propose de ...

Hast du Lust ...? – Tu as envie de ____________

Nein, ich würde lieber ... – ____________

Na ja! Dann schlage ich dir vor... – ____________

Ich bin einverstanden ... – ____________

Und danach gehen wir ... – ____________

Gern! – ____________

En forme

Üben interaktiv t7dh8m

2 A l'atelier de théâtre

*Regarde les dessins. Mets **me, te, nous, vous, le, la, les** à la bonne place.*

1.

2.

3.

1. – Oh, mon texte, je ne _le_ sais ____ plus. Mme Arnaud, vous _me_ donnez ____ le livre?

– Oh, toi et tes textes! Tu _les_ as ____ appris ou pas?

2. – Oui, oui ... Ah, je sais: «Ma chérie, je _t'_ aime ____ et je vais ____ toujours _t'_ aimer!»

– Mais quand tu dis ça à Joséphine, tu ____ dois _la_ regarder!!!

3. – Je sais, Mme Arnaud et Joséphine, je _vous_ énerve ____. Je suis un mauvais acteur.

– Mais non, tu ____ ne _nous_ énerves pas. Allez, encore une fois ...

... prêts,

... partez!

Unité 7
On peut toujours rêver!

Atelier A

En forme

1 Tu connais ces verbes? (G 26) (nach SB S. 102, Abschnitt 1)

Complète le tableau.

choisir	finir	réussir
je choisis	je finis	je réussis
tu choisis	tu finis	tu réussis
il choisit	on finit	elle réussit
nous choisissons	nous finissons	nous réussissons
vous choisissez	vous finissez	vous réussissez
ils choisissent	elles finissent	ils réussissent

Ecrire

2 J'ai encore été génial! (nach SB S. 103, Nr. 2)

Mehdi a un blog sur Internet. Aujourd'hui, dans son blog, il va raconter comment il a aidé Sacha à la Fête du sport. Qu'est-ce qu'il va dire?

A *Travaillez à deux. Voici encore une fois le texte de votre livre. Relisez ce texte. Soulignez les mots-clés que Mehdi va utiliser dans son blog.*

Pour Sacha, c'est la catastrophe: son atelier va tomber à l'eau. Et que dire aux enfants qui attendent? Ses amis réfléchissent. Tout à coup, Mehdi prend un air mystérieux: «Je n'ai pas de corde, mais j'ai des idées! Une minute!» Peu après, il revient avec des balles. Il lance 3 balles en l'air et commence à jongler.
Alex: Ouaouh! Tu sais jongler! Pas mal!
Sacha est heureux: «Génial, Mehdi! Où est-ce que tu as appris ça?»
Mehdi: Voilà, j'ai fini! J'ai appris avec mon père. Si tu veux, les enfants peuvent apprendre avec moi.
Sacha: Merci, Mehdi, c'est fantastique!
Mehdi: De rien. Tu vois, c'est simple comme bonjour!

B *Maintenant, écris le blog de Mehdi dans ton cahier. Tu peux commencer comme ça:*

Blog de Mehdi

Fête du sport à Vincennes.
J'ai encore été génial!
Je vous raconte pourquoi. Sacha et Léo ont voulu proposer un atelier de corde molle.
Mais Léo n'est pas venu. Pas de Léo, pas de corde! Quelle cata … *Continue dans ton cahier.*

Parler et écrire

Üben interaktiv ka8253

3 Léo au téléphone (nach SB S. 103, Nr. 3)

*Regarde bien la case **On dit** à la page 103 de ton livre. Puis lis le dialogue et retrouve les expressions.*

1. *Léo:* Ecoute, Sacha, je n'ai pas la corde!
2. *Sacha:* Ah non, ce n'est pas possible!
3. *Léo:* Si, j'ai perdu la clé du club!
4. *Sacha:* Mais Léo, je ne sais vraiment pas quoi faire sans corde.
5. *Leo:* Sacha, je suis désolé, mais je ne peux rien faire. Tu vas trouver une solution.
6. *Sacha:* Tu penses? Peut-être, je peux essayer de proposer une autre activité.

Lire

Üben interaktiv r2k8hc

4 Apprendre à jongler avec trois balles (nach SB S. 103, Nr. 4)

→ En plus S. 91, Nr. 5 △

A *Regarde les images, puis lis les textes.*
B *Dans les textes, il y a des mots que tu n'as pas encore appris. Ce n'est pas grave.*
Pour montrer que tu as compris les textes, écris la lettre du bon texte à côté du numéro de l'image.

1. = C

2. = A

3. = F

4. = D

5. = B

6. = E

A: Prends deux balles, une dans chaque main. Lance la première balle. Quand elle est devant l'œil, tu lances la deuxième balle pour libérer la main.

D: Prends trois balles, deux dans une main, une dans l'autre.

E: Tu finis par attraper les trois balles. Maintenant les balles ont changé de place. Bravo!!!

C: Prends une seule balle dans la main. En posant les bras serrés sur le ventre à hauteur de la taille, lance la balle d'une main à l'autre.

B: La main qui tient les deux balles commence. Lance la 1ère balle à la hauteur de l'œil. Ensuite, tu lances la balle de l'autre main à la hauteur de l'œil, puis la 3ème.

F: Attention! Ne triche pas.

Ecouter et regarder

5 Taïg Khris: l'as du roller (nach SB S. 104, Nr. 5)

Relis la stratégie à la page 104 de ton livre. Puis fais l'exercice suivant.

A ***Avant l'écoute:*** *Lis le titre et regarde la photo. Qu'est-ce qui se passe? Ecris une phrase en allemand.*

____

CD 3, 43
120

B ***Pendant l'écoute:*** *Coche les bonnes réponses.*

1. Est-ce que les gens qu'on entend sont ☐ malheureux? ☒ contents? ☐ en colère?
2. Quand Taïg Khris parle, est-ce qu'il est ☐ triste? ☐ mystérieux? ☒ heureux?
3. Quand Taïg Khris parle, quels sont les mots-clés que tu entends?

☒ sensation[1] ☐ courage ☐ facile ☒ inimaginable[2] ☒ peur ☐ amour
☒ adrénaline ☒ bonheur[3] ☒ rêve ☐ joie ☒ vitesse ☐ équilibre

C ***Après l'écoute:*** *Taïg Khris dit qu'il a enfin réalisé son rêve. Quel a été ce rêve?*

Son rêve a été de ____

____

Tu peux regarder la vidéo sur le DVD.

En forme

6 C'est la Fête du sport. (G 26) (nach SB S. 104, Nr. 6)

Üben interaktiv be54ij

Complète les dialogues. Mets les verbes à la bonne forme (présent ou passé composé).

1. **Chez Alex et Jérôme:** *Jérôme:* Alex, tu _dors_ encore? Aujourd'hui, c'est la Fête du sport. Vite ... il est 9 heures! Nous _partons_ dans vingt minutes. Papa _est_ déjà _sorti_ pour aller chercher la voiture. (dormir) (partir) (sortir)
2. **A la Fête du sport:** *Marie:* Regarde, Alex, les enfants _finissent_ leur atelier de saut à l'élastique en ce moment. C'est dangereux, je trouve! Qu'est-ce que tu _choisis_ comme atelier maintenant? Clara et moi, nous _réfléchissons_ encore. (finir) (choisir) (réfléchir)
3. **Après la fête:** *Alex:* Ah, salut, Sacha! Tu _as fini_ ton activité depuis longtemps? *Sacha:* Depuis un quart d'heure. Ouf! Nous _avons réussi_ à faire notre atelier! Et beaucoup d'enfants _ont choisi_ la corde molle! (finir) (réussir) (choisir)

Qu'est-ce que Marie trouve dangereux? _Le saut à l'élastique._

1 **une sensation:** ein Gefühl; 2 **inimaginable:** unvorstellbar; 3 **le bonheur:** das Glück

Atelier B

Jeu de mots

7 Des activités (nach SB S. 106, Nr. 3)

→ En plus S. 91, Nr. 4 △

Üben interaktiv q88hx6

Regarde les petits dessins. Note trois activités que tu adores, trois que tu n'aimes pas et trois que tu aimerais apprendre.

J'adore ______________________

____

____

Je n'aime pas trop ______________________

____

____

J'aimerais apprendre ______________________

____

____

En forme

8 Après la Fête du sport (G 27) (nach SB S. 107, Nr. 5)

→ En plus S. 90, Nr. 2 △

Üben interaktiv mw49av

A *Des questions après la Fête du sport: utilise* ***lui*** *ou* ***leur*** *dans les réponses.*

1. – Sacha, tu donnes la corde molle à Léo? – Oui, je lui donne la corde molle.
2. – Mehdi, qu'est-ce que tu as montré aux enfants? – Je leur ai montré comment on jongle.
3. – Jérôme, qu'est-ce que tu as demandé à Alex? – Je lui ai demandé la clé pour rentrer.
4. – Pourquoi est-ce que Jérôme parle à Alex? – Il lui dit qu'il veut rentrer à la maison.
5. – Alex, tu écris un SMS à papa et maman? – Non, je ne leur écris pas de SMS. Ils vont arriver.

B *D'autres questions: complète les réponses et utilise* ***le, la, les, lui, leur****.*

1. – Vous n'avez pas oublié le tirage au sort? – Non, nous ne l'avons pas oublié.
2. – Un tour dans une voiture de sport, ça va plaire à Alex, non? – Oui, ça va lui plaire.
3. – Léo, tu as dit merci à Mehdi? – Bien sûr, je lui ai dit merci.
4. – Jérôme, tu vas aider Léo et Sacha à ranger leurs affaires? – Oui, je vais les aider.
5. – Alex, tu cherches Marie? – Oui, je la cherche depuis un quart d'heure.
6. – Sacha, tu as téléphoné à tes parents? – Non, je ne leur ai pas téléphoné.
7. – Sacha, tu paies une glace à tes copines? – Bien sûr, je leur paie une glace.

En forme

Üben interaktiv i7e8sc

9 Le cirque est arrivé dans votre ville. (G 28) (nach SB S. 107, Nr. 6)

→ En plus S. 90, Nr. 3 △

Regarde le dessin. Complète les phrases.
*Utilise **tout / tous / toute / toutes** avec les mots à droite.*

le | les (3x) | nos | la (2x)

1. «Zambetti» est arrivé dans votre ville. Tout le monde est bienvenu!
2. Venez nous voir tous les après-midis à 15 heures et tous les soirs à 20 heures.
3. «Zambetti» vous propose des attractions fantastiques pendant toute la semaine.
4. Vous n'allez jamais oublier toutes les surprises que «Zambetti» va vous faire!
5. Vous pouvez visiter tout le cirque. Venez voir tous nos animaux dans notre mini-zoo.
6. «Zambetti», un grand spectacle pour toute la famille!

Parler

10 L'argent de poche (nach SB S. 108, Nr. 7)

Üben interaktiv 95tj6b

Du sitzt mit deinem Austauschpartner vor dem PC. Du überlegst, ob du ein neues Album von Zaz herunterladen sollst.
Einigt euch, wer welche Rolle übernimmt. Knicke das Blatt an der gestrichelten Linie. Mit den eckigen Klammern könnt ihr euch kontrollieren.
Wechselt danach die Rollen. Jouez la scène.

STRATEGIE
Es geht nicht um das wörtliche Übersetzen!

Toi	Ton correspondant
1. Du fragst, ob er die Sängerin Zaz mag. Du findest ihre Stimme toll.	1. [Tu aimes la chanteuse Zaz? Je trouve sa voix super!]
2. [Moi aussi, j'aime la musique de Zaz. Mais je trouve que l'album est trop cher. Je n'ai pas assez d'argent pour acheter tout un album.]	2. Er mag die Musik von Zaz auch, findet aber, dass das Album zu teuer ist. Er hat nicht genug Geld, um ein ganzes Album zu kaufen.
3. Du fragst, wie viel Taschengeld er im Monat bekommt.	3. [Tu as combien d'argent de poche par mois?]
4. [J'ai 20 €, et toi?]	4. Er antwortet, dass er 20 € bekommt, und fragt zurück.
5. Du sagst, dass du auch 20 € bekommst. Deine Eltern geben dir aber manchmal Geld, um etwas zu kaufen.	5. [Moi aussi, j'ai 20 €. Mais parfois, mes parents me donnent de l'argent pour acheter quelque chose.]
6. [Mes parents aussi, mais ils ne paient pas toutes mes activités. Je gagne un peu d'argent. J'aide mes vieux voisins à faire les courses.]	6. Er sagt, dass seine Eltern das auch tun. Sie bezahlen aber nicht all seine Hobbys. Er verdient etwas Geld, er hilft seinen alten Nachbarn beim Einkaufen.
7. Du findest, dass das eine gute Idee ist.	7. [Je trouve que c'est une bonne idée.]

Pratique: tâches

Lire
Médiation
Ecrire
Ecouter

Üben interaktiv 34x7ja

11 Vacances en France (nach SB S.109)

Tu rêves de passer des vacances en France avec d'autres jeunes. Tu en as parlé à ton professeur et il t'a donné un prospectus.
Voilà ce que tu vas faire:
(Hier steht, was du machen wirst:)

A *Tu vas lire le prospectus et en parler à tes parents.*
B *Tu vas écrire à ta correspondante Jeanne. Tu lui demandes si elle veut venir aussi.*
C *Elle va te téléphoner pour te dire si oui ou non.*

A *Lis le prospectus.*

Vacances franco-allemandes

Depuis plus de 60 ans le BILD[1] organise des rencontres franco-allemandes. Nous combinons cours de langue et bonnes vacances. Nos centres donnent aux jeunes la possibilité de passer leurs vacances ensemble, de progresser dans l'autre langue et de découvrir l'autre nationalité.
Des jeunes du même âge vivent dans un groupe binational et partagent les chambres, les repas et toutes les activités sportives, culturelles et de loisirs. Ils apprennent à mieux utiliser la langue du pays voisin et ils vont mieux connaître le mode de vie et la mentalité de l'autre.
Dans chaque groupe, il y a des animateurs bilingues allemands et français.
Nos rencontres donnent aux jeunes une expérience interculturelle enrichissante qui va les aider à entrer dans l'Europe du 21e siècle.

Des centres en France et en Allemagne:

Camaret: 1/07 - 19/07
Pour les jeunes de 13 à 15 ans. Prix: 1020 €
Heringsdorf: 8/07 - 26/07
Pour les jeunes de 13 à 15 ans. Prix: 1020 €
Ciboure: 7/08 - 25/08
Pour les jeunes de 15 à 17 ans. Prix: 1030 €

Le programme:
Cours de langue (3 heures/jour en petits groupes), activités sportives; activités locales pour entrer en contact avec la population de la région; excursions culturelles; soirées à thème ainsi que des soirées disco ou barbecue sont organisées.

Les participants doivent avoir étudié l'allemand/le français **pendant au moins un an.**

Du willst mit deinen Eltern über dein Vorhaben sprechen. Suche im Prospekt die folgenden Informationen, unterstreiche sie und notiere sie hier.
Wohin könntest und möchtest du fahren? Welche Daten werden angeboten? Wie ist der Preis?

____

Du weißt, dass deine Eltern skeptisch sein werden. Suche im Prospekt drei Argumente, die du anführen würdest, damit dich deine Eltern fahren lassen. Unterstreiche die Schlüsselwörter im Prospekt, dann schreibe deine Argumente hier in Stichworten auf (auf Deutsch).

1. ______________________________

2. ______________________________

3. ______________________________

1 **BILD:** Bureau International de Liaison et de Documentation

B *Ecris un courriel à ta correspondante Jeanne.*
Ecris où tu veux aller pendant tes vacances. Parle des dates et du prix.
Présente en peu de mots le BILD et le programme.
Dis pourquoi tes parents sont d'accord.
Demande à ta correspondante si elle a envie de participer à la rencontre.

Von:
An: j.martinet@free.fr
Betreff:

Chère Jeanne,

CD 3, 44
121

C *La réponse de Jeanne est sur ton portable. Ecoute le message.*

Deine Eltern möchten schnell wissen, ob Jeanne mitfährt. Da sie nicht da sind und du zum Sport willst, hinterlässt du ihnen einen Zettel. Schreibe auf, ob Jeanne mitkommt und was ihr Vater und ihre Mutter gesagt haben.

Jeanne hat angerufen ...

Die Lösungen findest du auf S. 101.

Bilan

1 Lire / Ecrire / Ecouter (nach SB S. 110, Nr. 1)

→ En plus S. 90, Nr. 1 △

Ich kann in Gesprächen **Meinungen** und **Gefühle** äußern sowie **Vorschläge** machen.

A *Retrouve les cinq phrases.*

Üben interaktiv q66w4i

1. A mon avis, tu … | 5. Je propose de … | … téléphoner à une de tes amies. | 4. Je suis désolé(e), … | 3. La raison, … | … as raison. | … ce n'est pas grave. | 2. Ne t'en fais pas, … | … mais je ne peux rien faire. | … c'est que c'est trop cher.

1. A mon avis, tu as raison. [3]
2. Ne t'en fais pas, ce n'est pas grave. [1]
3. La raison, c'est que c'est trop cher. [5]
4. Je suis désolé(e), mais je ne peux rien faire. [4]
5. Je propose de téléphoner à une de tes amies. [2]

CD 3, 45 122

B *Comment répondre? Ecoute les 5 personnes. Ecris le numéro de la scène qui correspond ici.*

2 En forme (nach SB S. 111, Nr. 5)

→ En plus S. 90, Nr. 2 △, 3 △

A Ich kann die Verben ***choisir, finir, réfléchir, réussir*** verwenden *(présent, passé composé, impératif)*.

Üben interaktiv h6pr5s

1. Quand est-ce que tes cours finissent *(finir)* ce soir?
2. Mme Vitevite dit que nous avons bien réussi *(bien réussir)* l'interrogation.
3. Alors, tu viens au cinéma avec moi? Aujourd'hui ou demain? Choisis. *(choisir)*
4. Attends, je réfléchis *(réfléchir)*: oui, demain soir, ça va. Je viens avec Zoé.
5. Alors, vous regardez le programme et vous choisissez *(choisir)* un film.

B Ich kann die indirekten Objektpronomen ***lui*** und ***leur*** verwenden.

1. Téléphoner à Mehdi? Non, je ne lui téléphone plus: il ne répond jamais. **2.** Expliquer l'exercice de maths aux copains? Ah non, je ne leur explique plus rien: ils n'écoutent pas. **3.** Proposer une activité à mon amie? Non, quand je lui propose quelque chose, elle me dit toujours non.

C Ich kann den Begleiter ***tout*** verwenden.

1. Toute ma famille fait du sport. **2.** Je fais du judo tous les mardis et jeudis. **3.** Et souvent aussi tout le week-end. **4.** Le sport, c'est bien après toutes ces heures de cours.

Die Lösungen findest du auf S. 102.

En plus: différenciation

Ecrire et parler

1 Mon rêve, c'est de … / Je rêve de …

△ *De quoi est-ce que tu rêves? Explique pourquoi.*
Ecris deux phrases sur une feuille.
Ajoute des dessins ou des photos.

PORTFOLIO *Tu peux mettre la feuille dans ton portfolio.*

En forme

2 Oui papa, non papa …

△ *Le père de Julien lui pose des questions, beaucoup de questions …*
*Complète les réponses de Julien. Utilise **lui** ou **leur**. (Attention à la bonne place du pronom!)*

1. – Pour réparer ton vélo, tu as demandé **à maman**? – Oui papa, je lui ai demandé.
2. – Tu expliques l'exercice de géo **à ton frère**?
   – Non papa, je ne lui explique pas l'exercice de géo. Il est trop difficile.
3. – Tu vas enfin écrire **à tes grands-parents**?
   – Oui papa, je vais leur écrire.
4. – Tu veux montrer ton bulletin **à ta tante** quand elle va arriver?
   – Non papa, je ne veux pas lui montrer mon bulletin.
5. – Pour préparer l'interro d'allemand, tu téléphones **à tes copains** ce soir?
   – Mais oui papa, je leur téléphone ce soir. Ah, papa, j'adore tes questions!

En forme

3 Après la fête, il faut tout ranger.

△ *Quels mots vont avec **tout, toute, tous** ou **toutes**? Range les mots dans les bonnes cases.*

les filles | les copains | ~~la classe~~ | le temps | les ballons | les sportives | le programme | l'école | les affaires | les sportifs | le groupe | la semaine | les parcours | la journée

tout	toute	tous	toutes
le groupe	la classe	les sportifs	les filles
le programme	l'école	les copains	les affaires
le temps	la journée	les ballons	les sportives
	la semaine	les parcours	

Ecouter et regarder

4 Dans la rue

A ***Avant l'écoute:*** *Regarde la photo. La jeune femme fait des interviews. Imagine une question qu'elle va poser.*

CD 3, 46
123

B ***Pendant l'écoute:*** *Quelle personne aime quelle(s) activité(s)? Tire des traits. Tu peux regarder la vidéo sur le DVD.*

C ***Après l'écoute:*** *Et toi, quelle est ton activité préférée? Explique pourquoi. Ecris une phrase.*

Ecrire

5 Au cirque

A *Voici un funambule.*
«Un funambule», qu'est-ce que c'est en allemand?
Est-ce que tu connais le mot aussi dans d'autres langues, par exemple dans la langue maternelle de tes parents?
(… in der Muttersprache deiner Eltern?)
Tu peux écrire le ou les mots dans les bulles.

En allemand, c'est
ein Seiltänzer.

Dans une autre langue:

Dans une autre langue:

B *Maintenant, écris un poème en 11 mots avec **«funambule»** comme premier mot. Ecris un poème en français (et dans une autre langue, si tu veux). Ajoute des dessins ou des photos.*
Tu peux mettre ton poème dans ton portfolio.
Vous pouvez aussi exposer vos poèmes dans votre salle de cours.

PORTFOLIO

Poème en 11 mots?
Ah, «ein Elfchen» en allemand!
C'est facile. J'écris 5 vers.
1 mot
2 mots
3 mots
4 mots
1 mot

Voici un modèle:

PORTFOLIO

Das kann ich schon! (nach Unités 5–7)

Selbsteinschätzung: *Hier kannst du feststellen, wie fit du bist. Kreuze an, wie deine Ampel steht (linke Ampel). Wenn du unsicher bist, wiederhole die Übungen, die in der rechten Spalte angegeben sind. Zu dieser Seite findest du weitere Testaufgaben in der Übungssoftware.*

Üben interaktiv yg54fs

Partnereinschätzung: *Ihr könnt euch auch gegenseitig einschätzen (rechte Ampel).*

Selbsteinschätzung am: ________ *Datum*   Partnereinschätzung am: ________ *Datum*

Parler / Ecouter / Ecrire / Lire / Médiation

Sich auf Französisch verständigen	Selbst	Übungen	Partner
Ich kann einige Informationen zu einer französischen Stadt oder Region geben, z. B. Sehenswürdigkeiten und Freizeitaktivitäten nennen.	● ● ●	SB S. 84E	● ● ●
Ich kann in einfachen Worten beschreiben, wie ich das Internet nutze, und einige Seiten nennen, die mir gefallen.	● ● ●	SB S. 90, Nr. 1	● ● ●
Ich kann eine Sängerin / einen Sänger vorstellen und begründen, warum mir ihre / seine Musik gefällt.	● ● ●	SB S. 92, Nr. 1, 2	● ● ●
Ich kann für vorgegebene Comicbilder kleine Sprechblasentexte erfinden.	● ● ●	SB S. 94, Nr. 2 CdA S. 77, Nr. 3 CdA S. 78, Nr. 4	● ● ●
Ich kann in wenigen Sätzen beschreiben, wovon ich träume, was ich tun oder haben möchte. Ich kann sagen, warum.	● ● ●	SB S. 109, Nr. 1B CdA S. 90, Nr. 1	● ● ●
Ich kann zu bestimmten Themen meine Meinung äußern und sie begründen, z. B. wenn es um das Thema „Taschengeld" geht.	● ● ●	SB S. 108, Nr. 7B	● ● ●
Médiation: Wenn ich im französischen Radio Informationen über Ferienmöglichkeiten in einer französischen Region und über das Wetter dort höre, kann ich schon manches verstehen und auf Deutsch wiedergeben.	● ● ●	CdA S. 67, Nr. 1	● ● ●
Médiation: Wenn ich im Internet eine deutsche Anzeige lese, in der z. B. ein Jugendlicher eine französische Gastfamilie sucht, kann ich auf Französisch erzählen, worum es in der Anzeige geht.	● ● ●	SB S. 108, Nr. 8	● ● ●
Hier und dort (Vis-à-vis)			
Ich kann die Schulferien in Frankreich mit denen in meinem Land vergleichen.	● ● ●	CdA S. 64, Nr. 10	● ● ●
Gewusst, wie ... (Stratégie)			
Ich kann einen Text schreiben, indem ich Stichworte sammle, sie gliedere, die einzelnen Sätze mit Bindewörtern verknüpfe und schließlich meinen Text auf Fehler überprüfe.	● ● ●	SB S. 82, Nr. 7 SB S. 98 CdA S. 82, Nr. 2	● ● ●
Wenn ich einen einfachen Text hören und verstehen will, hilft es mir, vor dem Hören zu überlegen, worum es gehen könnte. Während des Hörens kann ich Schlüsselwörter notieren und nach dem Hören die Hauptaussage formulieren.	● ● ●	SB S. 104, Nr. 5 CdA S. 84, Nr. 5	● ● ●
Ich kann einen sinnvoll strukturierten „Spickzettel" einsetzen, wenn ich etwas präsentiere.	● ● ●	SB S. 109, Nr. 1	● ● ●

Wo hast du die grüne Ampel angekreuzt?
Übertrage diese Einträge auf das Poster am Ende des „Cahier".

LE COIN JEUX

Hier findest du einige Vorschläge zu kleinen „Sprachspielen".
Sie gehen schnell und machen Spaß.
A *und* **B** *sind die unterschiedlichen Partner, wenn ihr zu zweit spielt.*

Trouver l'heure

A: *Schreibe, ohne dass* **B** *es sieht, eine Uhrzeit zwischen 1 und 12 Uhr auf einen Zettel (volle Stunde, ¼, ½, ¾ Stunde).*
B: *Finde die Uhrzeit durch Fragen heraus.*
A: *Antworte mit* ***C'est avant. C'est après.***
Beispiel:
B: *Il est 8 heures?* **A:** *Non, c'est avant.*
B: *Il est 6 heures?* **A:** *Non, c'est après …*

Jeu de dé (les verbes)

A: *Schlage die Seiten 68–71 in deinem Grammatischen Beiheft auf und nenne ein Verb und eine Zeit (z. B.* ***lire, Présent****).*
B: *Würfele eine Zahl und nenne die Verbform. Dabei stehen die Würfelzahlen für folgende Formen: 1 = je, 2 = tu, 3 = il / elle, 4 = nous, 5 = vous, 6 = ils / elles.*
Wechselt die Rollen nach 3 Beispielen.

Mots épelés (Buchstabierte Wörter)

Teilt die Klasse in Vierergruppen. Ein Schüler steht vor der Klasse und buchstabiert ein französisches Wort aus der aktuellen Unité. Er nennt den ersten Buchstaben, die weiteren Buchstaben durcheinander. Die Gruppen können die Buchstaben mitschreiben. Welche Gruppe errät das Wort als Erste? Sie bekommt einen Punkt.

Compter de 1 à 60

Bildet Dreiergruppen. Sagt im Uhrzeigersinn die Zahlenreihe von 1–60 auf. Ersetzt dabei jede Zahl, die durch 4 geteilt werden kann, durch „BOUM". Wer einen Fehler macht, bekommt einen Minus-Chip oder einen Minus-Punkt, darf aber weiter mitspielen. Wer am Ende am wenigsten Minuspunkte hat, hat gewonnen. (Ihr könnt statt 4 auch eine andere Zahl wählen.)
Beispiel: *Un – deux – trois –* ***Boum!*** *– cinq – six – sept –* ***Boum!*** *– …*

Qui suis-je?

Schreibe den Namen einer Lehrwerksperson auf einen Zettel und hefte diesen einem Mitschüler mit einer Stecknadel auf den Rücken. Alle Schüler laufen durcheinander und versuchen, durch Fragen an Mitschüler (max. 2 Fragen pro Schüler) herauszufinden, „wer sie sind". Dabei dürfen nur Est-ce que-Fragen gestellt werden (z. B.: ***Est-ce que je suis le frère de X ?****). Hast du deinen Namen herausgefunden, gehst du zu deiner Lehrerin / deinem Lehrer und lässt dir einen Zettel mit einem anderen Namen auf den Rücken heften.*

Ecrire un court poème

Schreibe ein kurzes Gedicht, indem du dich an einer der beiden Vorlagen orientierst. Hänge dein Gedicht in der Klasse aus.

Vorlage 1:	**Vorlage 2:**
Ensemble,	(impératif)
Nous …	(impératif)
Nous …	(impératif)
Nous …	**Mais ne** (impératif) **pas.**
Mais moi, je …	

Beispiel:
Ensemble,
Nous pouvons aller au cinéma,
Nous pouvons organiser une fête,
Nous pouvons faire du sport,
Mais moi, je veux être seul(e) de temps en temps.

Lösungsvorschläge für freie Übungen bzw. für Übungen ohne Lösungsangaben

Le jeu des monuments, S. 1, 2

A 1 client, train, chambre; **2** Bonjour, madame. Bonjour, monsieur. **3** Du kennst: un t-shirt, un chapeau, un pantalon, une robe, une casquette, un anorak, une basket, une chaussure, une chemise, un jean, une jupe, un pull(over), une veste.
4 Schlange, Biene; **5** verte, mauvaise, dernière, longue; **6** Am 14. Juli. Sie feiern den Beginn der französischen Revolution im Jahre 1789. **7** à droite, à gauche, tout droit, chez Marie; **8** mots-clés; **9** Bof!, D'accord!, Bien sûr! **10** Nein, die Wohnung hat zwei Schlafzimmer. Das allgemeine Wort für „Zimmer" ist „une pièce". **11** Quel temps fait-il à Toulouse? **12a)** Vielleicht kenne ich ein deutsches Wort, das ähnlich klingt. **b)** Vielleicht kenne ich ein englisches Wort, das ähnlich oder gleich geschrieben wird. **c)** Vielleicht erinnert mich das Wort an ein Wort in einer anderen Sprache, die ich kenne. **d)** Vielleicht kann ich das Wort aus dem Zusammenhang des Textes erschließen. **13** Ça coûte combien? / Ça fait combien? **14** Es wird absteigend / rückwärts gezählt. Man geht zunächst in die „6e" (sixième), dann in die „5e" (cinquième), anschließend in die „4e" (quatrième), zum Schluss in die „3e" (troisième). **15** Nous avons regardé la télé. **16** Je suis triste. **17b)** Immer zusammen mit dem Artikel. **18** un, deux, trois, quatre, cinq, six, sept, huit, neuf, dix; **19** Das für „wo" = „où". **20** tard, après.
B 1 Ça va?, Viens!, C'est trop nul!, Ah, bon? **2** Mit der „bise". **3** Du kennst: l'athlétisme, la danse, le foot(ball), la gymnastique, le judo, la natation, le rugby, le vélo. **4** Man kann im Vokabular nachschauen, dort steht die Lautschrift / stehen die Lautzeichen. **5** gris, vert, blanc, bleu, jaune, rouge, noir; **6** Am Rhein. **7** Chut!, Attention!, Aïe!, Zut! **8** maskulin: Blau, feminin: Rot. **9** J'ai … ans. **10** Man nennt nicht seinen Namen, sondern sagt nur „Oui" oder „Allô". **11** Il fait beau. **12** Ich brauche nicht wörtlich zu übersetzen, sondern gebe den Inhalt mit meinen eigenen Worten wieder. **13** Je voudrais un diabolo menthe, s'il vous plaît. **14** Es gibt nur eine Schulform, das „collège". **15** Non, nous n'avons pas travaillé.
16 Tu vas où? / Où est-ce que tu vas? **17c)** Immer zusammen mit der Ergänzung. **18** onze, douze, treize, quatorze, quinze, seize, dix-sept, dix-huit, dix-neuf, vingt; **19** Das für „sicher" = „sûr".
20 derrière, sous.

Unité 1

S. 5, Nr. 1

C'est le jour de la rentrée. Léo et Mehdi sont au collège. Ils lisent les listes et ils cherchent leur classe. Léo est en colère parce qu'ils ne sont pas dans la même classe. Il est en 5eA et Mehdi est en 5eB. Pour Alex et Marie, c'est la même chose. Mais il y a des élèves sympas en 5eA et en 5eB.

S. 7, Nr. 6

Salut ((nom)),
Aujourd'hui, c'est la rentrée. Ma copine / mon copain et moi, nous sommes dans la même classe. Je suis bien content(e) parce qu'on a beaucoup de profs sympas! Et il y a un nouveau. J'aime bien ça. Mais on a déjà beaucoup de devoirs en maths. C'est nul.
A plus!
((nom))

S. 8, Nr. 8B

1. Au cours de M. Racine, Léo n'écoute pas. Tout à coup, une boulette de papier tombe sur sa table. **2.** Léo lit: «Julien est un acteur.» Il pense: «Ce n'est pas possible! Il a l'air timide.» **3.** A midi, les copains sont à la cantine. Alex raconte: «Ecoutez, le nouveau dans notre classe, c'est une star de la télé.» **4.** Alex et Léo cherchent des informations sur Internet. L'acteur s'appelle Tristan! Alors, Julien n'est pas une star. Alex est triste.

S. 10, Nr. 11

Es gibt mehrere Möglichkeiten, z. B. **2.** Je suis en forme. / Je vais bien. **3.** Je suis en colère. / Ça m'énerve. **4.** C'est dommage. **5.** Ce n'est pas drôle. / C'est nul. **6.** C'est bien. / C'est super.
Fortsetzung der Geschichte: Titeuf schaut grimmig.
Denkblase: Non, je n'aime pas cette prof!

S. 10, Nr. 12

Mon meilleur copain s'appelle Tim. Son nom de famille, c'est Hagiel. Il a x ans. Il est né le 18 septembre 20xx. Il a les cheveux blonds et les yeux verts. Il est vraiment cool. Il aime porter des jeans. Tim fait du foot et du judo. Il adore le chanteur Peter Fox. Il aime lire, mais il déteste les jeux vidéo.

S. 11, Nr. 14B
Achtung! Morgen früh ist das Treffen schon um 9 Uhr, nicht erst um 9 Uhr 30!

S. 12, Nr. 2
Elle s'appelle Lena Meyer-Landrut. Elle est née le 23 mai 1991. Elle a les cheveux bruns et les yeux marron. Elle est petite et jolie. Elle aime porter des jupes noires. Elle est chanteuse. En 2010, elle a gagné le «Grand Prix» avec la chanson «Satellite».

S. 13, Nr. 2
Statt „avoir les cheveux longs“ (keine Farbe) z. B. „gris“. Statt „avoir les yeux tristes“ (keine Farbe) z. B. „bleus“. Statt „porter un sac“ (kein Kleidungsstück) z. B. „une robe“. Statt „ressembler à Moustique“ (keine Comicfigur) z. B. „Obélix“. Statt „avoir l'air intéressant“ (keine momentane Stimmung) z. B. „triste“.

S. 14, Nr. 5C
Le foot, toujours le foot!

Unité 2

S. 16, Nr. 1A
1. Avec qui est-ce que Julien chatte souvent le soir? – Il chatte souvent avec Marie et Alex. 2. Pourquoi est-ce que Julien est triste? – Il est triste parce qu'il n'a pas encore beaucoup d'amis au collège. 3. Où sont les élèves? – Ils sont devant les catacombes.

S. 18, Nr. 4
Hier, notre classe a visité les catacombes.
1. D'abord, nous avons pris un long escalier.
2. Après, / Puis, nous avons traversé des souterrains et des couloirs. 3. Là, nous avons vu des milliers de crânes. 4. Je n'ai pas eu peur, mais j'ai pensé à la discussion sur Internet. 5. Alors, je n'ai plus eu envie de rester avec les autres.
6. J'ai cherché une sortie. 7. Enfin, j'ai vu une grille. 8. Tout à coup, une main a traversé la grille et a pris mon bras. 9. A ce moment-là, je n'ai pas su quoi faire.

S. 19, Nr. 5B
Lösungswort: heureuse. Möglicher Satz: Quand elle fait du judo, Alex est heureuse.

S. 19, Nr. 6
1. Dans les catacombes, Julien rencontre un homme aux cheveux longs. 2. Il s'appelle Vladimir. 3. C'est un dessinateur qui prépare son premier manga. 4. Julien raconte ses problèmes à Vladimir. 5. A la fin, Julien oublie un peu ses idées noires.

S. 20, Nr. 9B
Alex a pris son portable et a téléphoné à son professeur.

S. 21, Nr. 10B
– Allô? – Allô Marc, c'est Florian. Ça va? – Oui, ça va. – Comment est-ce que tu trouves le nouveau, Julien? – Je trouve que c'est une quiche. – Ne parle pas comme ça. Je pense qu'il est courageux. – Je ne suis pas d'accord. Il est mystérieux et il a toujours des idées noires. – Oui, mais c'est peut-être parce qu'il est souvent seul. – Oui, peut-être. – Ecoute, on va parler à Julien. On va demander pourquoi il a souvent des idées noires. Tu es d'accord? – D'accord. On va faire ça demain. Alors, salut! – Salut! A demain!

S. 25, Nr. 1
Gleiche Reime: dans l'appartement – un petit éléphant; dans la cour – une grande tour; dans la cuisine – Marie, ma copine; dans le lit – un taxi gris; dans le salon – beaucoup de bonbons; dans les souterrains – un très beau chien; sur les escaliers – des milliers de papiers.
Möglichkeit für das Gedicht: Je vois dans l'appartement / un petit éléphant. / Tu vois dans la cour / une grande tour. / Elle voit dans le lit / un taxi gris. / Nous voyons dans le salon / beaucoup de bonbons. / Vous voyez dans les souterrains / un très beau chien. / Ils voient dans les escaliers / des milliers de papiers. / Et puis j'ai vu dans la cuisine / Marie, ma copine.

S. 26, Nr. 5B
Paris, le 15 novembre 2020
Chère Lilou,
Tu vas bien? J'ai une histoire bizarre pour toi. J'ai perdu mon portable dans la rue quand j'ai joué avec des copains. J'ai cherché mais je n'ai rien trouvé. Alors, j'ai pensé qu'il est peut-être dans les égouts. J'ai appelé le bureau des égouts et j'ai tout raconté. Deux jours après, le bureau a téléphoné: dans les égouts, on n'a pas retrouvé mon portable, mais on a trouvé un sac avec des milliers d'euros. Qu'est-ce que tu penses de cette histoire? C'est vraiment bizarre, non?
Bises,
Marie

Plateau 1

S. 28, Nr. 1
Beispiel für „Internet“:
Qui dit Internet, dit ordinateur. / Qui dit ordinateur, dit jouer. / Qui dit jouer, dit gagner. / Qui dit gagner, dit perdre. / Qui dit perdre, dit triste. / Qui dit triste, dit ami. / Qui dit ami, dit parler. / Qui dit parler, dit chatter. / Alors, on chatte.

Unité 3

S. 32, Nr. 6B
Pendant la course, Sacha **pense à la dispute** avec ses copains. Il veut **continuer longtemps**, il ne veut pas **arrêter la course** avant les autres. Il est fatigué, mais il **avance toujours**. A la fin, il a fait 7 km et il gagne. Après la course, les familles **restent pour une** petite **fête**. Tout le monde est très content et veut **revenir l'année prochaine**.

S. 33, Nr. 8B
Il est allé en France. Elle est tombée. Ils sont retournés en Allemagne.

S. 34, Nr. 9
Marie est rentrée à la maison en taxi parce qu'elle est tombée. Elle a eu très mal.

S. 34, Nr. 10
Toi:
1. Notre secrétaire demande: «Est-ce que tu restes cette année dans notre école?» **2.** Er will nur ein Trimester bleiben. **3.** «Un trimestre»? Notre secrétaire ne comprend pas. Tu peux expliquer? **4.** Also, in Frankreich ist es so, dass ein Schuljahr 3 Trimester hat. Nach jedem Trimester gibt es Zeugnisse. **5.** Notre secrétaire est curieuse. Tu as des bonnes notes? **6.** Es geht so. In Mathe hat Romain eine 15 gehabt. **7.** Elle ne connaît pas la note 15. **8.** Romain erklärt, dass die Noten von 1 bis 20 gehen. 15 ist schon eine sehr gute Note. **9.** 1 est donc une très mauvaise note. Elle trouve ça bizarre. **10.** Ja, aber er findet auch seltsam, dass wir glücklich sind, wenn wir eine 1 haben. **11.** Elle dit merci. Elle a appris quelque chose. On peut aller chez le directeur maintenant. **12.** Romain bedankt sich auch bei Ihnen.

S. 35, Nr. 11
4. Je peux rester au lit. J'écoute un CD ou je chatte avec mes copains. Puis je fais mes devoirs. Faire les devoirs, c'est nul! Après, je vais à la cuisine. Papa a fait une mousse au chocolat. C'est super!

S. 36, Nr. 13B
Salut ((nom)),
Vendredi dernier, j'ai eu une journée fantastique. Je suis arrivé(e) au collège à 7 h 30. J'ai eu maths et puis anglais. En anglais, nous avons écrit une petite interro sympa. Notre prof d'anglais est vraiment géniale. Après, on a eu deux heures de sport. Et ensuite, mes copains et moi, on a pu aller à la maison parce que notre prof de biologie n'a pas été là. Alors, nous sommes allés chez un copain et on a fait de la musique ensemble. Le soir, j'ai regardé un film. Moi aussi, j'aime les vendredis.
A plus!
((nom))

Un peu d'entraînement, S. 40

Nr. 2B
Oui, j'aime les repas à la cantine. Les repas sont très bons. Je mange toujours avec mes copains. On discute des cours et des profs. *Oder:* Non, je n'aime pas manger à la cantine. Les repas ne sont pas toujours bons. Et quand je n'ai pas cours l'après-midi, je veux rentrer vite à la maison.

Unité 4

S. 42, Nr. 3B
Il en faut une pour dire bonjour à une bonne amie: une bise. Il en faut sept pour une semaine: un jour.

S. 44, Nr. 6B
Mais pourquoi est-ce que tu as mis la **cuillère** dans le **verre**? / Mets la **fourchette** à côté de l'**assiette**. Et n'oublie pas la **serviette**.

S. 47, Nr. 12
Au petit-déjeuner, je suis dans la cuisine. Je mange du pain de mie avec du beurre et de la confiture. Et je bois du chocolat chaud. A midi, je suis à la maison. Là, je mange des pommes de terre, de la viande ou du saucisson et des légumes. J'aime aussi la salade de tomates. Comme dessert, il y a du yaourt. Souvent, je bois du jus, du jus de pomme par exemple, ou de l'eau minérale. Le soir, je suis dans la salle à manger. Il y a du pain, du fromage, du saucisson, des tomates, du concombre et des poivrons. Comme boisson, je prends un verre de lait.

S. 50, Nr. 3
Un repas bizarre! Lukas est un fou de cuisine. Aujourd'hui, il fête son anniversaire avec un grand repas. Il a <u>invité</u> des <u>copains</u> et des copines. Lukas

a préparé un vrai menu. On mange une salade au chocolat comme entrée, un gâteau au saucisson comme plat principal et des spaghettis avec du sucre comme dessert. Et on boit de l'eau ou de l'huile d'olive. C'est un repas bizarre, mais vraiment bon.
(Die vorgegebenen Wörter sind unterstrichen.)

Plateau 2

S. 52, Nr. 1
Die Fehler sind: **Zeile 2**: paions (richtig: payons); **Zeile 3**: préférent (préfèrent); **Zeile 4**: achetent (achètent); **Zeile 5**: mangons (mangeons); **Zeile 6**: appelent (appellent); **Zeile 7**: répete (répète); **Zeile 8**: commencons (commençons).

S. 57, Nr. 3
Exercice 2: De: Spiderman.f@web.de
A: Lucas.97@orange.fr
Objet: Vacances en Allemagne
Salut Lucas,
Tu veux passer une semaine chez moi? Tu peux venir du 13 au 20 avril et tu peux aller à l'école avec moi. Notre village est très petit. Mes copains sont sympas!!! On va visiter Stuttgart et Freiburg, on peut aller à la piscine et faire du foot. Ça va être super!
A bientôt,
Felix

S. 58, Nr. 4
A: Je m'appelle Ben Hauser. J'ai 13 ans, mais je vais avoir 14 ans dans 3 semaines. J'habite à Buschhagen, c'est un petit village. Là, j'habite avec mes parents et mon frère Ken qui a 16 ans. J'aime le foot et le judo, mais je déteste le tennis. Le samedi, je joue au foot avec mes copains. A l'école, j'aime beaucoup la biologie. Notre prof de biologie est très sympa.
B: 1. Est-ce que vous aimez aller au ciné? Quel film est-ce que vous avez regardé / aimé? **2.** Qu'est-ce que vous aimez visiter à Paris et pourquoi? **3.** Où est-ce que vous faites les courses? Qu'est-ce que vous achetez pour faire une fête? **4.** Qu'est-ce que vous avez aimé / vous aimez au collège? Pourquoi?
C: – Bonjour, madame / monsieur. Je cherche un t-shirt. (Voilà nos t-shirts.) – Vos t-shirts coûtent combien? (Cette semaine, ils coûtent 8 €.) – J'aime le bleu et le noir. Je prends ce t-shirt. Il va bien avec mon pantalon. Et ce t-shirt noir est trop petit pour moi. (Bien. Et avec ça?) – Je cherche aussi une casquette. (Nos casquettes coûtent 3 €.) – Oh, c'est super. (Regarde. Il y a des casquettes noires, bleues et rouges.) – J'aime beaucoup le rouge. (Oui, elle te va très bien. Et avec ça?) – C'est tout. Ça fait combien? (Ça fait 11 €.) – Voilà 20 €. (Merci. Et voilà les 9 €. Tu prends un sac?) – Oui, s'il vous plaît. Merci et au revoir, madame / monsieur. (Au revoir.)

Unité 5

S. 63, Nr. 7
A: Elle sait déjà que Marc habite à Arcachon et qu'il sait très bien faire du skimboard.
B: 1. J'ai 14 ans. **2.** Mon anniversaire, c'est le 26 janvier. **3.** Oui, j'ai une sœur de 10 ans et un frère de 17 ans. Drei weitere mögliche Fragen und Antworten:
1. Quel autre sport est-ce que tu aimes? – J'aime le foot. **2.** Qu'est-ce que tu fais demain? – Je vais faire du sport sur la plage. Mais on peut faire quelque chose ensemble. **3.** Où est-ce que tu vas passer les vacances d'été? – Je ne sais pas encore.
C: Marc a 14 ans. Son anniversaire, c'est le 26 janvier. Il a une sœur de 10 ans et un frère de 17 ans. Il habite à Arcachon et c'est un vrai sportif. Il sait très bien faire du skimboard. Il n'est pas très grand, il a les yeux verts et les cheveux bruns. Il aime aider les autres. Il est super cool.

S. 64, Nr. 10
A: En hiver, les élèves français ont des vacances à Noël et en février / mars. Dans l'année qu'on voit, les vacances de Noël sont / vont du 17 décembre au 3 janvier et les vacances d'hiver du 25 février au 12 mars. Puis, il y a les vacances de printemps du 21 avril au 7 mai. En été, les vacances sont très longues, du 5 juillet au 4 septembre. Après, en automne, il y a encore les vacances de la Toussaint du 27 octobre au 10 novembre.
B: (Lösungen je nach Bundesland verschieden) Moi aussi, en hiver, j'ai des vacances à Noël et une semaine en février. Au printemps, j'ai des vacances à Pâques et à la Pentecôte. Puis, en été, il y a les grandes vacances, comme en France. Mais je n'ai que six semaines de vacances. En automne, j'ai aussi des vacances à la Toussaint.

S. 65, Nr. 11
Toi:
1. Qu'est-ce que la dame peut faire pour vous?
2. Sie haben gehört, dass es hier einen See gibt: den Baldeneysee. Sie fragt, ob das für Kinder interessant ist. **3.** Bien sûr. Elle dit que là, on peut faire beaucoup de choses intéressantes. **4.** Sie fragt, ob man dort schwimmen kann. **5.** Elle est désolée, mais ce n'est pas possible. Mais on peut

faire un tour avec les bateaux blancs. **6.** Sie findet das eine gute Idee, aber ihre Kinder möchten Sport treiben. **7.** Au bord de l'eau, on peut faire du vélo. C'est super quand il fait beau. **8.** Sie werden vielleicht Fahrrad fahren. Sie möchte wissen, ob man noch etwas anderes machen kann. **9.** Elle dit que vous pouvez aller au Beach-Club / au club de la plage. Là, il y a même une plage de sable blanc. **10.** Das finden sie gut. Sie möchten noch wissen, wann die Schiffe für die Bootstour abfahren. **11.** Elle dit qu'il y a un départ par heure. Par exemple, le départ est à côté du Beach-Club / club de la plage à 11 heures 20. **12.** Die Dame dankt Ihnen sehr.

S. 65, Nr. 12

A: 1. Sur l'image, on voit une porte avec l'affiche «Défense d'entrer». Derrière la porte, on voit un arbre: il y a peut-être un jardin. Devant la porte, il y a un chien qui veut entrer dans le jardin. Deux filles regardent le chien. (Evtl. die passenderen Wörter „portail" und „panneau" einführen).
2. Le chien va entrer dans le jardin et il va trouver quelque chose d'intéressant. Mais les deux filles ne peuvent pas entrer dans le jardin. Alors, elles vont appeler le chien, mais il ne va pas revenir tout de suite. Elles vont avoir peur. Elles vont attendre un moment. Elles vont être contentes quand il va revenir, mais leurs parents ne vont pas être contents parce qu'ils ont attendu les enfants pendant des heures aussi.

S. 66, Nr. 13

2. Es sind sehr unterschiedliche Schülerlösungen zu erwarten.

S. 67, Nr. 1B

Hallo Frank,
im französischen Radio habe ich einen Werbespot über das Languedoc-Roussillon gehört. Die Region liegt im Südwesten Frankreichs, am Meer. Es gibt feine Sandstrände und schöne Marktplätze. Man kann Sehenswürdigkeiten besichtigen, z. B. den Pont du Gard, die Festung Carcassonne oder die Stadt Montpellier. Man kann Schifffahrten, Spaziergänge und viel Sport machen, z. B. Skimboard, Fußball, Volleyball und im Meer schwimmen. Das Wetter ist schön, es gibt viel Sonne und es regnet fast nie. Der Werbespot sagt, dass die Leute nett sind und dass man dort super Ferien verbringen kann.
Vielleicht interessieren dich diese Informationen :-).
Bis bald!
Moritz

S. 67, Nr. 2

Une fille allemande écrit que ses parents et elle ont envie d'aller au bord de la mer en juillet. Elle dit qu'ils vont peut-être passer leurs vacances dans le Languedoc-Roussillon. Elle explique qu'ils cherchent un hôtel ou un gîte. Elle demande si nous avons des adresses intéressantes. Elle veut savoir combien ça coûte pour une semaine. Elle raconte qu'elle a 13 ans. Elle demande où elle peut rencontrer des filles et des garçons de son âge. Elle veut savoir quelles activités nous proposons.

S. 68, Nr. 1B

1. J'ai eu un beau <u>cadeau</u> pour mon anniversaire: un vélo. **2.** Je n'ai pas pu fermer ma <u>valise</u>.
3. Regarde! Il y a un bouchon devant le <u>péage</u>.
4. M. Guibert est fatigué. <u>Il fait une pause</u>.

S. 69, Nr. 5A

1. En Allemagne, devant les écoles, il y a souvent des élèves qui aident les autres élèves quand ils veulent traverser la rue. Ces élèves peuvent arrêter les voitures. **2.** Quand on voit ça / cette flèche, on peut tourner à droite même quand c'est rouge. **3.** Ici, il y a une sortie pour les voitures. On ne peut pas laisser sa voiture là, devant cette sortie. **4.** C'est comme une rue, mais seulement pour les gens qui sont à pied ou pour les gens qui font du vélo. **5.** Là, tu peux attendre si tu veux prendre le bus, par exemple pour aller en ville ou à l'école. **6.** Là, on ne peut pas laisser sa voiture du lundi au samedi, de sept heures (sept heures du matin) à 19 heures (sept heures du soir).

Unité 6

S. 75, Nr. 3

3. regarder des nouveaux films; acheter un nouveau vélo; prendre des nouvelles routes; écouter un nouvel album; entendre une nouvelle mélodie.

S. 75, Nr. 4B

Julien: Maéva, tu descends avec moi à la prochaine station de métro? Là, il y a un nouveau magasin avec des beaux livres et des BD modernes.
Maéva: C'est une bonne idée. Moi, j'aime les BD avec des personnes bizarres qui font des choses drôles ou dangereuses. *Julien:* Alors, tu viens avec moi? *Maéva:* Oui, bien sûr; je vais peut-être trouver une BD intéressante ou un joli livre. *Julien:* C'est super, tu es une fille géniale. Allez, viens!

S. 77, Nr. 3
1. – Bonne nuit, papa. – Bonne nuit. Tu as fait tes devoirs? **2.** J'aime cette BD. L'histoire est mystérieuse. **3.** Mais où est-ce que je suis? **4.** – Oh, tu es joli! – Tu viens d'où? *Alternative:* – Tu es vraiment bizarre! – Qu'est-ce que tu fais ici? **5.** – Viens chez moi. On joue ensemble? – Oh oui, je veux bien. *Alternative:* – On ne veut pas te voir ici. – J'ai peur. **6.** Oh, j'ai fait un rêve fantastique. *Alternative:* Oh, j'ai fait un mauvais rêve. Möglicher Titel: Où est-ce que je suis?

S. 78, Nr. 4
1. J'ai envie d'une glace. **2.** Ah, qu'est-ce que je vois? **3.** Vite! **4.** Non, je ne te donne pas ma glace. **5.** Tu vas voir. **6.** Je veux une glace!!! **7.** Tiens! / Zut! **8.** Je veux ma glace!!! Möglicher Titel: Je veux une glace!

S. 79, Nr. 1
«Tatort» est une série télévisée qui passe le dimanche soir, à 8 h et quart. Ce sont des films policiers. Chez nous, tout le monde aime cette série. Mes parents regardent les films avec nous. Il y a beaucoup de suspense, j'adore ça. Mais ma sœur ne les aime pas, elle a toujours peur. Ce soir, le film s'appelle: «La femme dans le train». C'est une histoire de mafia.

S. 79, Nr. 2
A: Ça m'énerve!; C'est génial!
B: Moi, j'adore les séries télévisées, GZSZ par exemple, parce que je trouve que ces acteurs et actrices sont très sympas. J'aime bien aussi regarder des émissions avec des chanteurs. Ça me plaît beaucoup parce que c'est toujours cool. Mais je déteste le sport. Et je déteste aussi les émissions de sport à la télé parce que mon frère adore le sport: je ne peux pas regarder un film quand papa et mon frère regardent le sport. Ça m'énerve.

Un peu d'entraînement, S. 81

Nr. 1
– Tu as envie de faire du foot? – Non, j'aimerais mieux jouer aux cartes. – Bof! Alors, je te propose d'écouter des CD. – D'accord pour écouter des CD. – Et après, on va à la piscine. – Je veux bien.

Unité 7

S. 82, Nr. 2
A: Schlüsselwörter: catastrophe; réfléchissent; idées; balles; jongler; Génial; appris avec mon père; enfants; apprendre avec moi; simple comme bonjour!
B: Quelle catastrophe! Sacha a été triste. Tout le monde a réfléchi. Puis j'ai eu une idée et j'ai trouvé la solution. Je suis allé chercher / J'ai pris des balles et j'ai commencé à jongler. Les autres ont trouvé ça génial. Moi, je sais bien jongler. J'ai appris ça avec mon père. Et voilà, j'ai fait un atelier avec les enfants: ils ont appris à jongler! J'ai encore été génial! Vous voyez: il ne faut pas être triste, il faut avoir des idées. C'est simple comme bonjour!

S. 83, Nr. 3
2. … ce n'est pas possible. **4.** … je ne sais vraiment pas quoi faire. **5.** … je suis désolé, mais je ne peux rien faire. … trouver une solution. **6.** … je peux essayer de proposer …

S. 84, Nr. 5
A: Jemand springt auf Rollschuhen vom Eiffelturm.
C: Son rêve a été de sauter du premier étage de la tour Eiffel sur ses rollers.

S. 85, Nr. 7
Abgebildet sind: la corde molle, le trampoline, le rugby, le saut à l'élastique, le parachutisme, l'escrime, le cheval, le volley, le roller, le jonglage, le vélo, le judo, la natation, l'athlétisme, le football.

S. 87, Nr. 11A
Die Auswahl ist gesteuert: Da die Reise nach Frankreich gehen soll, entfällt Heringsdorf. Für Ciboure sind die S zu jung. Es bleibt also nur Camaret übrig. Mögliche Argumente: **1.** Machen das seit mehr als 60 Jahren, große Erfahrung; **2.** Nicht nur Ferien, sondern auch Sprachen lernen; **3.** Auch Kontakt mit Bevölkerung vorgesehen.

S. 88, Nr. 11
B: Betreff: Vacances en France
Chère Jeanne,
Tu vas bien? Qu'est-ce que tu vas faire cet été? Moi, je voudrais passer mes vacances dans un centre franco-allemand à Camaret. C'est du 1er au 19 juillet et ça coûte 1020 euros. C'est le BILD qui organise ce centre. Il y a des jeunes allemands et français de notre âge. On n'est pas seulement en vacances, on nous propose aussi des cours de langue (3 heures par jour). Mes parents trouvent

que c'est une bonne idée. C'est pourquoi ils sont d'accord. Et toi, est-ce que tu as envie de participer à cette rencontre? On va rigoler!
J'attends ta réponse.
A bientôt, j'espère.
((nom))
C: Kommt mit nach Camaret. Eltern sind einverstanden. Mutter findet Programm gut. Vater findet Sprachkurse gut. Also alles ok. Super!

S. 91, Nr. 4
A: Quelle est votre activité préférée?
B: **Person 1:** Theater, Musik hören / Konzert, Kino; **Person 2:** Ausgehen, Konzert; **Person 3:** Fragezeichen, sie spricht kein Französisch; **Person 4:** Fußball spielen, Klettern
C: Mon activité préférée, c'est faire du judo parce que je gagne toujours.

S. 91, Nr. 5
Funambule, // Tu danses // Dans les airs. // Tu es mon rêve, // Génial.

Skripte der Hör- und Videodokumente

Unité 1

S. 11, Nr. 14
CD1 19 (Track 19) *Un professeur:* Bon, écoutez. Nous avons nos amis allemands avec nous. Comme vous le savez, demain, nous allons faire notre grande visite de Paris ... S'il te plaît, Maxime, ne range pas ton sac maintenant. Tu as compris? Alors, je répète ... demain, nous allons faire ensemble notre grande visite de Paris. Vous connaissez le programme. Demain matin, rendez-vous ici, devant le collège. Nous allons prendre un bus pour faire le tour de Paris. Mais attention! Il y a un changement. ... Manon, chut! Pourquoi est-ce que tu discutes avec Loubna maintenant? C'est pas possible! Tu m'énerves! ... Bon, alors, il y a un changement dans le programme. Le rendez-vous n'est pas à 9 heures et demie, comme c'est dans le programme, mais à 9 heures. Je répète. Le rendez-vous demain matin n'est pas à 9 heures 30, mais à 9 heures. Vous avez compris? Les élèves allemands aussi? Est-ce qu'il y a des questions?

S. 14, Nr. 5
CD1 20 (Track 20) *Maxime:* Salut, maman!
Driss: Bonjour, madame.
La maman: Bonjour, Maxime. Bonjour, Driss.
Maxime: Tu surfes sur Internet?
La maman: Je regarde le site de mon collège.
Maxime: Maman est prof au collège Anne Frank.
La maman: Et votre entraînement de foot?
Maxime: Super!
Driss: Il joue bien.
Maxime: Non. Je ne joue pas bien. Mais j'ai envie d'apprendre.
La maman: C'est bien de faire du sport.
Maxime: L'entraînement, c'est le mercredi ...
La maman: Mais le mercredi, tu fais déjà du théâtre.
Maxime: Oui, mais maintenant, j'ai envie de faire du foot.
Driss: Madame, il joue très bien.
Maxime: Maman! Regarde!
La maman: Mais qu'est-ce que tu fais?!! On ne joue pas au foot dans la maison.
Maxime: C'est bien, hein?
La maman: On ne joue pas au foot dans la maison. Tu as des devoirs?
Maxime: Les devoirs, toujours les devoirs. Oui, j'ai des devoirs.
La maman: Alors va faire tes devoirs et oublie le foot.
Maxime: Je n'ai pas envie de faire mes devoirs, mais un foot!
La maman: Et puis, zut, je n'ai pas envie de discuter.
Maxime: Tu viens, Driss? On va faire un foot ...
Driss: Au revoir, madame.

Unité 2

S. 22, Nr. 12D
(Track 40) *L'assistante de français raconte:* CD
Vous savez que je suis de Paris. Un jour, dans la rue, devant mon appartement, 13 rue de Paradis, mon portable a sonné. J'ai mis ma main dans ma poche pour prendre mon portable. Tout à coup, j'ai entendu un bruit bizarre comme une clé qui tombe. Oh là là! Ma clé de voiture! Elle est où maintenant? Oh non! Catastrophe! Elle est dans les égouts. Qu'est-ce que j'ai fait? J'ai appelé le bureau des égouts. J'ai expliqué à une dame où j'ai perdu ma clé. Elle a répondu: «Pas de problème. On va descendre dans les égouts 13 rue de Paradis.» J'ai demandé: «Comment ça?» Alors, elle a expliqué: «Vous savez, les égouts de Paris, c'est comme une ville sous la ville. Les rues de la ville et les couloirs souterrains ont le même nom et souvent, on peut lire aussi les numéros des maisons.» Et j'ai eu de la chance: on a retrouvé ma clé au 13 rue de Paradis, pas dans la rue, mais dans les égouts!

S. 24, Nr. 1

1 (Track 41) *Mehdi raconte:*
Hier, notre classe a visité le Centre Pompidou. Pour aller là-bas, nous avons pris le métro. A la station «Châtelet», nous avons traversé un long couloir souterrain. Là, j'ai entendu un homme avec une guitare. Pour un moment, j'ai écouté sa musique. Tout à coup, je n'ai plus vu mes copains et ma classe. J'ai dit: «Oh non, ce n'est pas possible!» J'ai cherché mon portable dans ma poche. Zut! Ce matin, j'ai oublié le portable à la maison. Quelle catastrophe! A ce moment-là, j'ai eu peur et j'ai piqué une crise. Puis, j'ai vu une dame sympa et j'ai pensé: «Cette dame a peut-être un portable.» Alors, j'ai parlé à la dame: «Bonjour Madame, je suis Mehdi. J'ai perdu ma classe et mon professeur, M. Racine, et j'ai oublié mon portable à la maison. Je voudrais bien téléphoner à mon professeur avec votre portable. Est-ce que c'est possible?» La dame a répondu: «Moi, je suis Mme Cartier. Bien sûr, tu peux téléphoner à ton professeur.» Alors, j'ai téléphoné à M. Racine avec le portable de Madame Cartier. Comme ça, j'ai retrouvé ma classe. M. Racine a été très heureux, et moi aussi.

S. 26, Nr. 5

42 (Track 42) *Marie téléphone à Simone, sa corres allemande. Elle raconte l'histoire suivante:*
Marie: Je joue avec des copains dans notre rue. Tout à coup, j'entends quelque chose qui tombe de ma poche. C'est mon portable. Je cherche, je cherche, mais je ne trouve rien. Zut, mon portable est dans les égouts.
Simone: Oh là là. Qu'est-ce que tu as fait alors?
Marie: J'ai appelé le bureau des égouts. J'ai parlé à une Mme Roche et j'ai donné le nom de la rue où j'ai perdu mon portable. Deux jours après, Mme Roche a téléphoné et elle a dit: «Je suis désolée, Mademoiselle, on n'a pas retrouvé votre portable, mais on a trouvé un sac avec des milliers d'euros. Est-ce que ce sac est à vous?»
Simone: Quelle histoire!

S. 26, Nr. 6 (nur auf Video-DVD)

Découvertes à vélo
Le commentateur: Je vous présente Jean-Christophe. Ce jeune homme, c'est clair, aime faire du camping. Il aime aussi le sport. Maintenant c'est à vous de deviner dans quelle grande ville de France il fait du tourisme. Alors? Toujours pas d'idée? Vous avez reconnu bien sûr l'Arc de triomphe! Jean-Christophe fait donc du tourisme à Paris et c'est la première fois qu'il visite la capitale française. Jean-Christophe quitte maintenant la capitale, toujours à vélo.
Il a rendez-vous à soixante kilomètres de Paris dans la forêt de Fontainebleau. Un autre sport l'attend! Les Parisiens aiment faire de l'escalade à Fontainebleau et notre ami Jean-Christophe va escalader son premier rocher.
Le lendemain après-midi, Jean-Christophe, comme beaucoup de touristes, va faire un petit tour en bateau-mouche. Je vous conseille vraiment à tous d'aller découvrir les monuments de Paris en bateau. C'est toute l'histoire de la capitale qui défile devant vos yeux, comme dans un film.
Les touristes et Jean-Christophe découvrent en ce moment, de la Seine, le musée du Louvre et la cathédrale Notre-Dame. Ils découvrent aussi l'ambiance de Paris.
Voici un autre monument: il s'appelle la Conciergerie.
J'ai oublié de vous dire, Jean-Christophe a vingt ans, il étudie la physique dans une université de Toulouse et c'est donc la première fois qu'il découvre Paris.
Voilà, retour au camping pour Jean-Christophe où l'attend un repos bien mérité et ce, par l'avenue des Champs-Elysées. Bonnes vacances!

Unité 3

S. 36, Nr. 13

(Track 56) Ce que j'ai fait hier? Ben, à 7 heures, je suis allé au collège. Les cours ont commencé à 8 heures. J'ai eu allemand, puis une heure de perm. A la récré de 10 heures, j'ai fait du foot dans la cour. Après, normalement, j'ai maths et histoire-géo. Mais la prof d'histoire-géo n'est pas venue. Alors, on a pu aller au CDI ou encore en perm. Moi, je suis allé au CDI. A midi, j'ai mangé à la cantine. Les cours ont recommencé à 1 heure et demie, encore maths, puis techno. Je suis arrivé chez moi à 5 heures. Ouf! J'ai écouté un peu de musique, puis j'ai fait mes devoirs. CD2 13
On a mangé à 7 heures et demie. Le soir, j'ai fait de la guitare, j'ai lu et j'ai chatté avec une copine. Et puis, à 9 heures et demie, je suis allé au lit. Quelle journée! J'aime les vendredis et les samedis. Mais je n'aime pas les dimanches et les lundis.

S. 38, Nr. 3

(Track 57) *Le commentateur:* La cour d'un collège comme les autres. C'est l'heure de la récréation. C'est le collège Anne Frank à Paris. Après la récréation, il y a le travail. CD2 14
Une professeure: Alors le premier exercice …
Le commentateur: Et puis à midi, on va à la cantine. Dans un collège français, on mange le

midi à la cantine. Au CDI, il y a des livres. Les élèves travaillent, surfent sur Internet, préparent des exposés ou lisent des BD!

Unité 4

S. 43, Nr. 5

CD2 27 (Track 70) *Scène 1:*
Maman: Mehdi!
Mehdi: Oui.
Maman: Tu peux faire les courses ce soir?
Mehdi: Pourquoi moi?
Maman: Parce que je ne rentre pas avant sept heures.
Mehdi: Ok. Je vais au supermarché?
Maman: Oui. Et tu achètes des œufs, s'il te plaît, il n'y en a plus.
Mehdi: J'en prends combien?
Maman: Tu en prends douze. Et puis, un kilo de farine et du lait.
Mehdi: Combien de lait? Un litre?
Maman: Non, tu en prends trois litres.
Mehdi: J'achète aussi du chocolat?
Maman: Pourquoi?
Mehdi: Il n'en reste plus.
Maman: Bon, d'accord, pas de problème.

CD2 28 (Track 71) *Scène 2:*
Maman: Léo!
Léo: Oui.
Maman: Tu peux faire les courses cet après-midi? Il n'y a pas beaucoup de choses à acheter!
Léo: D'accord.
Maman: Tu vas au supermarché et à la boulangerie, s'il te plaît.
Au supermarché, tu prends des pommes de terre et de la salade.
Léo: J'en prends combien?
Maman: Des pommes de terre, euh, tu en prends un kilo, non deux. Et une salade, c'est bon.
Léo: C'est tout?
Maman: Tu peux prendre aussi des bananes, si tu veux.
Léo: Oui, j'en prends cinq ou six.
Maman: Et à la boulangerie, tu prends du pain, s'il te plaît, deux baguettes. Ah, j'ai oublié: prends aussi deux litres de lait.
Léo: Mais pas à la boulangerie.
Maman: Non, au supermarché, bien sûr.

CD2 29 (Track 72) *Scène 3:*
Papa: Marie?
Marie: Oui.
Papa: Tu es où?
Marie: Dans la cuisine.
Papa: C'est bien. Est-ce qu'on a encore des fruits?
Marie: Non, il n'y en a plus. Il reste une pomme, c'est tout.
Papa: Tu peux aller au marché, s'il te plaît?
Marie: Oui … encore moi …
Papa: Merci, ma chérie.
Marie: J'achète une autre pomme alors?
Papa: Haha. Non, tu en achètes un kilo, s'il te plaît. Et huit bananes, un kilo d'oranges et si tu veux aussi de la salade …
Marie: Stop, stop. Je prends combien de bananes?
Papa: Tu en prends huit. Et un kilo d'oranges.
Marie: J'en prends combien?
Papa: Un kilo, s'il te plaît. Et une salade.
Marie: Et avec ça, monsieur?
Papa: C'est tout. Non, prends aussi 250 grammes d'olives.
Marie: D'accord, alors des pommes, des bananes, des oranges, une salade et des olives. Ça va?
Papa: Oui. Merci, Marie.

S. 50, Nr. 4

(Track 74) *Le commentateur:* Pour faire des crêpes comme en Bretagne, il faut de la farine, du lait, un peu de sel, du sucre et des œufs, des œufs et des œufs. Et puis un peu d'arôme de vanille. CD
…
Le commentateur: Maintenant vous prenez un peu de pâte à crêpe dans une louche, puis vous l'étalez très soigneusement sur une plaque ou dans une poêle. N'oubliez pas de laisser reposer la pâte avant de la cuire. Enfin mettez sur la crêpe ce qui vous fait plaisir. Il n'y a pas de mal à se faire du bien. Maintenant je vous souhaite un bon appétit.

Plateau 2

S. 53, Nr. 1

(Track 76) On prépare le DELF: Compréhension de l'oral: CD
Vous allez entendre quatre exercices de compréhension de l'oral.
Pour répondre aux questions, cochez la bonne réponse ou écrivez l'information demandée.

Exercice 1:
Vous allez entendre 2 fois un document. Il y aura 30 secondes de pause entre les écoutes. Puis vous aurez 30 secondes pour vérifier vos réponses.
Lisez les phrases.

Première écoute:

Salut Marc, c'est Julien. Pourquoi est-ce que tu n'as pas été à l'école aujourd'hui? Tu as un problème?

Ecoute, je vais au cinéma avec Laurie et Mehdi et je vais rentrer à 7 heures. Notre exposé, on va le faire demain après-midi. A 4 heures et quart au CDI? D'accord? A demain alors.

Deuxième écoute: …

34 (Track 77) ***Exercice 2:***
Vous allez entendre 2 fois un document. Il y aura 30 secondes de pause entre les écoutes. Puis vous aurez 30 secondes pour vérifier vos réponses. Lisez les phrases.

Première écoute:

Lundi 12 février, nous allons ouvrir notre nouveau magasin avec une grande fête pour vous.
Nos articles de sport d'hiver sont à des prix intéressants. Les anoraks coûtent 22 €, les pantalons 28 €, les t-shirts coûtent seulement 5 € et les casquettes sont à 3 €. Vous pouvez trouver ces articles aussi dans notre magasin 24 rue de la Gare.

Deuxième écoute: …

35 (Track 78) ***Exercice 3:***
Vous allez entendre 2 fois un document. Il y aura 30 secondes de pause entre les écoutes. Puis vous aurez 30 secondes pour vérifier vos réponses. Lisez les phrases.

Première écoute:

Vous êtes jeunes? Vous avez entre 12 et 17 ans? Vous êtes à Paris entre le 1er et le 15 août? Vous aimez les films? Alors vous êtes notre acteur idéal pour le film «La vie au collège». Pour ce film, nous cherchons des personnes qui jouent les élèves dans la cour d'un collège.
Téléphonez au 01 24 86 62 95.

Deuxième écoute: …

36 (Track 79) ***Exercice 4:***
Vous allez entendre plusieurs petits dialogues correspondant à des situations différentes. Il y aura 15 secondes de pause après chaque dialogue. Puis vous allez entendre les dialogues une deuxième fois. Regardez d'abord les images. Ecrivez le numéro du dialogue sous l'image correspondante. Attention: Il y a 5 dialogues, mais 6 situations.

Première écoute:

Dialogue 1:
Prof: Tu n'as pas écrit dans ton cahier. Qu'est-ce qu'il y a?
Elève: Je n'ai pas été au collège hier. Et puis, les maths, ce n'est pas mon truc.
Prof: Bon, alors je t'explique …

Dialogue 2:
Mère: Tu as tout? Voilà encore une pomme. Je vais prendre la voiture et on va au collège ensemble. Il est déjà tard. D'accord?
Enfant: Maman, tu es super!

Dialogue 3:
Vendeuse: C'est à qui maintenant?
Jeune fille: C'est à moi. Je prends deux pains au chocolat et une baguette.
Vendeuse: Voilà, mademoiselle. Et avec ça?
Jeune fille: Merci. C'est tout.

Dialogue 4:
Contrôleur: Bonjour, vos billets, s'il vous plaît.
Garçon: Voilà. Euh … à quelle heure est-ce que le train va arriver à la gare de l'Est?
Contrôleur: Dans dix minutes, à 16 heures 20.

Dialogue 5:
Copain 1: Qu'est-ce qu'on fait? On ne reste pas devant l'ordinateur tout l'après-midi.
Copain 2: On joue au foot. D'accord? Julien peut venir jouer avec nous.
Copain 1: Génial.

Deuxième écoute: …

L'épreuve est terminée. Veuillez poser vos stylos.

Un peu d'entraînement

S. 59, Nr. 1A
(Track 93) Ici Radio France. CD3 14
Chers auditeurs, quel temps fait-il aujourd'hui en France? En Normandie, il ne fait pas beau: il pleut et il fait froid. A Cherbourg, il fait 12 degrés. Dans le sud, il fait beau du matin au soir. A midi, il fait chaud: 25 degrés à Marseille et 27 degrés à Nice. A l'ouest, il fait plutôt mauvais: il y a du vent et il ne fait pas très chaud. 17 degrés à Arcachon.

Unité 5

S. 65, Nr. 12

CD3 15 (Track 94) *Malika:* Oh, regardez, une affiche! Linda, tu lis quoi, là?
Linda: «Propriété privée»: Qu'est-ce que ça veut dire?
Victor: Tu n'as pas le droit d'entrer ici.
Amélie: Nouba? Où est Nouba?
Christian: Il est là, dans la propriété privée!
Tous: Nouba, Nouba!
Narrateur: Tous appellent, mais Nouba ne répond pas …
Amélie: C'est malheureux! Où est notre Nouba?
Victor: Pas de panique, il est peut-être derrière la porte du jardin. On va le chercher.
Amélie: Mais sur l'affiche, on lit «Défense d'entrer!»
Victor: Tu es bête! Comment tu veux trouver Nouba, alors?
Amélie: Tu as raison!
Narrateur: Ils entrent dans la propriété. Derrière la porte, il y a un grand jardin.
Amélie: On fait deux groupes. Victor, Emma et moi, nous allons tout droit, et vous, vous allez à gauche, derrière les arbres. Rendez-vous ici dans dix minutes.
Narrateur: Peu après …
Thomas: Hé, venez! On entend un bruit dans un trou, mais on ne sait pas si c'est Nouba.
Narrateur: Amélie arrive la première devant le trou.
Amélie: Je ne vois pas Nouba. Quelle catastrophe!
Emma: Chut! Ne parlez pas!
Amélie: Vous entendez quelque chose?
Tous: Non, rien.
Amélie: Qu'est-ce qu'on va dire aux parents?
Narrateur: Amélie et Linda pleurent. Les deux sœurs sont très tristes.
Malika: Ne pleurez pas, on va vous aider.

S. 67, Nr. 1

CD3 16 (Track 95) Ici Radio France avec notre émission «Nos régions».
Aujourd'hui, nous voulons vous présenter le Languedoc-Roussillon. C'est une région intéressante dans le sud-ouest de la France.
Venez voir cette région: la mer, le soleil, les plages de sable blanc, les jolies places de marché. Vous pouvez visiter des endroits intéressants comme le Pont du Gard, la cité de Carcassonne ou la ville de Montpellier.
En été, il ne pleut presque jamais. Vous pouvez faire des tours en bateau, faire des promenades ou être sportifs: les plages vous invitent à faire du skimboard, du foot, du volley ou à nager dans la mer.
Vous allez rencontrer des gens sympas. Venez dans cette région où vous pouvez passer des vacances super.

S. 68, Nr. 3 (nur auf Video-DVD)

Ludovic: C'est pas beau, ça?
Stéphane: Si! C'est super!
Ludovic: Le plus beau coin de Normandie.
Stéphane: Chauvin!
Ludovic: J'adore me promener sur ces falaises. C'est sportif. Et comme je passe mes vacances dans le coin depuis que je suis tout petit, je les connais par cœur.
Stéphane: Bon, on va la voir, cette falaise?
Ludovic: D'accord.
…
Ludovic: C'est pas super, ça?
Stéphane: Si! Fécamp, c'est super.
Ludovic: Trois heures! Il faut absolument qu'on rentre! Ma grand-mère nous attend.

Unité 6

S. 72, Nr. 2

(Track 106) *Document 1:* CD3
Speaker: Bienvenue sur Radio Junior, c'est Marc Hatier au micro. Il est 15 heures 05. Vous avez la parole. Aujourd'hui, vous pouvez nous appeler pour raconter comment vous utilisez Internet. Allô, qui est à l'appareil?
Marion: Salut, je m'appelle Marion. J'ai 14 ans et je suis en 4e au collège Condorcet. J'ai un ordinateur dans ma chambre, mais je ne passe pas mes après-midis et mes soirs devant l'ordinateur.
Je n'aime pas ça. J'adore la musique. Je joue de la guitare dans un groupe avec 8 copains. C'est super. Et le samedi, on sort ensemble. J'aime beaucoup aller au cinéma.
Speaker: Merci, Marion.

(Track 107) *Document 2:* CD3
Speaker: Et voilà un autre appel.
Damien: Bonjour, je m'appelle Damien. J'ai 13 ans. J'ai un ordinateur dans ma chambre. Après l'école, j'aime beaucoup surfer sur Internet, chatter avec mes copains, écouter de la musique ou chercher des informations pour mes cours au collège.
Avec Internet, je reste en contact avec mes amis. Mais je ne passe pas la nuit devant l'ordinateur.
Le mercredi et le vendredi, je sors. Je joue au foot avec mes copains.
Speaker: Merci, Damien. Et voilà: j'attends vos appels …

Unité 7

S. 84, Nr. 5

43 (Track 120) *Présentateur:* Et notre émission spéciale commence. J'appelle notre reporter devant la tour Eiffel. Marc, tu es là?
Reporter: Oui, Michel, je suis là, avec beaucoup, beaucoup de spectateurs. Tout le monde regarde le premier étage de la tour Eiffel.
On le voit là, Taïg Khris, l'as du roller. On écoute:

Haut-parleur: Ce sera dans quelques secondes – quelques applaudissements, s'il vous plaît!
…
Une femme: J'ai vu monter, puis sauter, c'était vraiment exceptionnel et j'ai beaucoup adoré.
…
Taïg Khris: La sensation pendant les deux secondes, c'est ouah, c'est inimaginable, parce qu'on a une sensation déjà avant le saut, une sensation de peur, d'adrénaline, mais aussi de bonheur intense, parce que j'arrive enfin à réaliser ce rêve, et dans l'air, mais la pression, la vitesse, tout mélangé, condensé, et le vide qui passe à une vitesse incroyable … ouah, c'est juste …
…
Un homme: Il faut être … avoir un courage de tonnerre pour faire ça … ah je le félicite, je le félicite beaucoup.

S. 88, Nr. 11C

3 44 (Track 121) Salut, c'est Jeanne, j'ai bien reçu ton courriel. Merci. Je trouve que c'est une … que ton idée est géniale! Alors, mes parents et moi, on a regardé sur Internet. Maman trouve que le programme est, euh, sérieux, très sérieux et que c'est bien organisé, quoi. Papa dit que … que c'est une bonne idée de passer les vacances ensemble et – en même temps – de bien apprendre une langue. Enfin, bref: Ils ont dit ouiiiii!!! Et pour le mois de juillet, c'est génial! J'ai aussi demandé à Thomas, un copain, s'il veut venir avec nous. Mais … c'est dommage, il peut pas. Il va partir en Belgique avec ses grands-parents. C'est déjà organisé … Je t'écris bientôt, bisous, ciao!

S. 89, Nr. 1

3 45 (Track 122) *Scène 1:*
Garçon: Excuse-moi, j'ai laissé les clés chez maman. C'est grave?

Scène 2:
Jeune fille: Papa, j'peux pas faire mes devoirs d'allemand. J'ai oublié mon cahier d'activités à l'école … Alors, qu'est-ce que je fais maintenant?

Scène 3:
Jeune fille: Léo veut toujours utiliser mon portable. Il téléphone et téléphone pendant des minutes et il me donne jamais d'argent. Une fois, ça va, mais tout le temps, non! Je ne vais plus lui donner mon portable! Qu'est-ce que tu en penses?

Scène 4:
Garçon: Bonjour madame. Hier, j'ai, euh, acheté le nouveau CD de Christophe Maé et, je l'ai écouté, et, euh, je l'aime pas trop … Qu'est-ce que vous pouvez faire pour moi?

Scène 5:
Garçon: Ah! J'aimerais faire … euh … du parachutisme! Je rêve de faire … un tour dans les airs et de descendre comme ça, huuuiiii. Papa, pourquoi tu me laisses pas aller dans un club de parachutisme?

S. 91, Nr. 4

(Track 123) *Journaliste:* Bonjour. Est-ce que je peux vous poser quelques questions personnelles? CD3 46
Une jeune (1): Ça dépend … euh oui … ce que vous appelez «personnel» … oui.
Journaliste: Je voudrais savoir quelle est votre activité préférée?
Une jeune (1): Mon activité préférée, euh, ben j'en ai plusieurs en fait. Ce serait plus … théâtre, musique, cinéma, peinture.
Un jeune (2): Ben … sortir avec mes amis, venir à Paris, aller dans les concerts.
…
Journaliste: Est-ce que je peux vous poser des questions personnelles?
Une jeune (3): No parlo francès, parlo ingles …
…
Journaliste: Je voudrais savoir quel est le sport que vous préférez?
Un homme (4): L'alpinisme ou le football.
Journaliste: L'alpinisme et le football. Est-ce que vous le pratiquez?
Un homme (4): L'alpinisme, un peu oui, et le football pareil.
Journaliste: Est-ce que vous le pratiquez à Paris?
Un homme (4): A Paris, il y a des murs d'escalade, oui … et le football aussi, il y a des stades, oui.

Übersicht über die Tondokumente

Abkürzungen:

SB	Schülerbuch	**A**	Atelier A	**P**	Plateau	**Ep**	En plus
CdA	Cahier d'activités	**B**	Atelier B	**Bi**	Bilan	**S**	Station
Dé	Découvertes	**C**	Atelier C			**E**	Entraînement

Die MP3-Tracks beziehen sich auf die diesem Cahier d'activites beiliegende MP3-CD.
Die Audio-Tracks beziehen sich auf die Audio-CD, die unter der Klettnummer 622167 angeboten wird.

Aufgabe im SB/ im CdA	Track (MP3)	Track (Audio)
Unité 1		**CD 1**
SB Dé	1-3	1-3
SB A1	4-6	4-6
SB A5	7	7
SB B2	8-11	8-11
SB B3	12, 13	12, 13
SB B7	14	14
SB Ep5	15	15
SB Ep7	16	16
SB Ep9	17	17
CdA A4	18	18
CdA P14	19	19
CdA Ep5	20	20
Unité 2		
SB Dé	21	21
SB A1	22-25	22-25
SB A6	26	26
SB B2	27-31	27-31
SB B5*	32, 33	32, 33
SB B6	34	34
SB B8	35	35
SB P1	36	36
SB Ep2	37	37
CdA B8	38, 39	38, 39
CdA P12	40	40
CdA Bi1	41	41
CdA Ep5	42	42
Plateau 1		
SB 1	-	43
SB DELF 1	43	44

Aufgabe im SB/ im CdA	Track (MP3)	Track (Audio)
Unité 3		**CD 2**
SB A1*	44, 45	1, 2
SB A2	46	3
SB A3	47	4
SB A7	48	5
SB A10	49	6
SB B1	50	7
SB B4	51	8
SB B6	52	9
SB B7	53	10
CdA B5	54	11
CdA B8	55	12
CdA P13	56	13
CdA Ep3	57	14
Unité 4		
SB Dé	58	15
SB A1	59	16
SB A2	60-62	17-19
SB A6	63	20
SB B2	64-67	21-24
SB B10	68	25
SB Ep3	69	26
CdA A5	70-72	27-29
CdA B10	73	30
CdA Ep4	74	31
Plateau 2		
SB DELF 1	75	32
CdA DELF 1,1-4	76-79	33-36

Aufgabe im SB/ im CdA	Track (MP3)	Track (Audio)
Unité 5		**CD 3**
SB Dé	80	1
SB A4	81-83	2-4
SB A6	84	5
SB A7	85, 86	6, 7
SB B1	87-90	8-11
SB B6	91	12
SB P	92	13
CdA E	93	14
CdA P12	94	15
CdA Bi1	95	16
Unité 6		
SB S1	96-99	17-20
SB S2	-	21, 22
SB S2	100-102	23-25
SB S3	103	26
SB S4	104	27
SB EpS2	105	28
CdA S1	106, 107	29, 30
CdA S3	108, 109	31, 32
Unité 7		
SB Dé	110	33
SB A1	111-114	34-37
SB A5	115	38
SB B3	116-118	39-41
SB Bi4	119	42
CdA A5	120	43
CdA P11	121	44
CdA Bi1	122	45
CdA Ep4	123	46
Plateau 3		
SB	124	47
SB DELF 1	125	48

*Diese Lieder befinden sich aus lizenzrechtlichen Gründen nicht auf der MP3-CD, die der Schülerausgabe des Cahier d'activités beiliegt.

Découvertes
Série jaune 2

Sich auf Französisch verständigen

Plateau 1	
Ich kann beschreiben, wie ich mich fühle (z. B. müde, zufrieden, traurig …).	☐
Ich kann schon viele Angaben zu einer Person machen (z. B. Name, Alter, Geburtsdatum, Haar- und Augenfarbe …).	☐
Ich kann auf einfache Art ein persönliches Erlebnis erzählen.	☐
Ich kann in einer Diskussion ausdrücken, was ich denke und wie ich etwas finde.	☐
Ich kann schon eine Originalseite aus einem einfachen französischen Comic lesen und verstehen.	☐
Médiation: Wenn ich einfache deutsche Texte lese (z. B. einen Prospekt), kann ich mir Stichworte notieren und den Inhalt anhand der Stichworte auf Französisch wiedergeben.	☐
Médiation: Wenn ich einfache französische Texte höre (z. B. Hinweise des Lehrers zu einem Ausflug), kann ich davon einige wichtige Informationen auf Deutsch wiedergeben.	☐

Hier und dort

Plateau 1	
Ich kenne einige Besonderheiten des Schuljahresbeginns in Frankreich.	☐
Ich weiß, wie die Klassenstufen des „collège" heißen.	☐
Ich kenne einige in Frankreich beliebte Comic-Figuren.	☐
Ich kenne einige ungewöhnliche „Sehenswürdigkeiten" in Paris. Ich kann sagen, worum es sich bei den „catacombes" und den „égouts" handelt.	☐

Gewusst, wie …

Plateau 1	
Ich kenne einige Redewendungen, die mir helfen, ein Gespräch zu beginnen, zu führen und zu beenden.	☐
Wenn ich nicht weiß, wie ein Wort auf Französisch heißt, kann ich es umschreiben.	☐
Ich kenne einige Dinge, auf die ich achten muss, wenn ich eine Geschichte erzähle (z. B. die Verwendung von Zeitadverbien).	☐

Plateau 2

- Ich kann Vorschläge machen und auf sie reagieren (z. B. zustimmen oder ablehnen).
- Ich kann verstehen, wenn mir ein französischer Schüler seinen Tagesablauf schildert, und ich kann meinen eigenen Tagesablauf beschreiben.
- Ich kann eine kleine Geschichte erfinden, die sich in der Vergangenheit abgespielt hat, und sie erzählen.
- Ich kann ein Einkaufsgespräch verstehen und führen.
- Ich kann meine Wünsche bei Tisch ausdrücken (z. B. sagen, was ich mag oder nicht mag, um etwas bitten oder etwas ablehnen).
  Ich kann auf die Wünsche anderer reagieren (z. B. etwas reichen).
- Ich kann mein Lieblingsessen beschreiben.
- Ich kann schon eine einfache Erzählung eines französischen Autors im Original lesen und verstehen.
- Médiation: Bei einem Gespräch über die Schule kann ich als Dolmetscher helfen.
- Médiation: Ich kann ein französisches Originaldokument (z. B. ein „bulletin scolaire") auf Deutsch erläutern.

Plateau 3

- Ich kann einige Informationen zu einer französischen Stadt oder Region geben, z. B. Sehenswürdigkeiten und Freizeitaktivitäten nennen.
- Ich kann in einfachen Worten beschreiben, wie ich das Internet nutze, und einige Seiten nennen, die mir gefallen.
- Ich kann eine Sängerin / einen Sänger vorstellen und begründen, warum mir ihre / seine Musik gefällt.
- Ich kann für vorgegebene Comicbilder kleine Sprechblasentexte erfinden.
- Ich kann in wenigen Sätzen beschreiben, wovon ich träume, was ich tun oder haben möchte. Ich kann sagen, warum.
- Ich kann zu bestimmten Themen meine Meinung äußern und sie begründen, z. B. wenn es um das Thema „Taschengeld" geht.
- Médiation: Wenn ich im französischen Radio Informationen über Ferienmöglichkeiten in einer französischen Region und über das Wetter dort höre, kann ich schon manches verstehen und auf Deutsch wiedergeben.
- Médiation: Wenn ich im Internet eine deutsche Anzeige lese, in der z. B. ein Jugendlicher eine französische Gastfamilie sucht, kann ich auf Französisch erzählen, worum es in der Anzeige geht.

Plateau 2

- Ich kenne einige Besonderheiten des französischen Schulalltags und kann sie mit meinem Schulalltag vergleichen.
- Ich kenne einige Besonderheiten des Essens in Frankreich und kann sie mit meinen Essgewohnheiten vergleichen.

Plateau 3

- Ich kann die Schulferien in Frankreich mit denen in meinem Land vergleichen.

Plateau 2

- Ich kann einen Text in Sinnabschnitte unterteilen.
- Ich kenne einige Techniken, um ein Wort zu umschreiben, wenn ich nicht weiß, wie es auf Französisch heißt.

Plateau 3

- Ich kann einen Text schreiben, indem ich Stichworte sammle, sie gliedere, die einzelnen Sätze mit Bindewörtern verknüpfe und schließlich meinen Text auf Fehler überprüfe.
- Wenn ich einen einfachen Text hören und verstehen will, hilft es mir, vor dem Hören zu überlegen, worum es gehen könnte. Während des Hörens kann ich Schlüsselwörter notieren und nach dem Hören die Hauptaussage formulieren.
- Ich kann einen sinnvoll strukturierten „Spickzettel" einsetzen, wenn ich etwas präsentiere.